www.tredition.de

Angaben zum Autor:

Wilfried Fesselmann

Geboren: April 1968

Foto: Michael Kamber, Paris

Motto des Buches

Wie kann man besser mit seinem Geld umgehen? In der heutigen Zeit sollte man sich schon Gedanken um seine Finanzen und damit verbunden auch seine Zukunft machen.

Wie kann ich günstiger einkaufen?

Wie und wo kann man etwas einsparen?

Wie kann ich meine Einnahmen erhöhen?

Was kann ich noch tun?

Wie werde ich meine Schulden los?

Nach der größten Schuldenkrise seit dem 2.ten Weltkrieg, kann es auch im privaten Bereich schnell zu einer finanziellen Krise kommen.

Daher ist das Motto gleichlautend mit dem Titel dieses Buches:

Besser Auskommen mit dem Einkommen

Wilfried Fesselmann

Besser Auskommen mit dem Einkommen

www.tredition.de

Das Werk, einschließlich aller seiner Teile, ist urheberrechtlich geschützt. Jede Verwertung ist ohne Zustimmung des Verlages und
des Autors unzulässig. Dies gilt insbesondere für Vervielfältigun-
gen, Übersetzungen, Mikroverfilmungen und die Einspeicherung
und Verarbeitung in elektronischen Systemen.

© 2012 Autor: Wilfried Fesselmann

Verlag: tredition GmbH

www.tredition.de

Printed in Germany

ISBN: 978-3-8424-0187-7

Bibliografische Information der Deutschen Nationalbibliothek

Die Deutsche Nationalbibliothek verzeichnet diese Publikation in
der Deutschen Nationalbibliografie; detaillierte bibliografische Daten sind im Internet über http://dnb.d-nb.de abrufbar.

Vorwort

Dieses Buch ist keine allgemeine Bibel, die alle Leser zum Glauben und Gleichtun anregen soll. Wir sind hier auch nicht in der katholischen Kirche und fördern Straftaten. Nein ganz im Gegenteil.

Das Buch soll jeden Leser individuell ansprechen und anregen sich über das Thema Finanzen Gedanken zu machen. Und sich hier ganz legale Tipps anzueignen und diese selbst umzusetzen.

Die Politiker machen sich zwar ganz selten über dieses Thema Gedanken um Steuern bzw. Geld zu sparen. Aber Sie sind Spitzenreiter und daher Vorbilder wenn es um Ihr privates Einkommen geht.

In einer ganz kurzen Zeit schaffen Sie es, ihr Einkommen die sogenannten „Diäten" zu erhöhen. Auch in Zeiten der größten Finanzkrise ist dies für die Politiker kein Problem. Also müssen wir auch unsere „Diäten" erhöhen. Dies gelingt zum Beispiel durch einen günstigeren Einkauf oder einen Nebenjob.

Wenn wir beim Beispiel der Politik bleiben:

Dieses Buch ist keine Doktorarbeit und auch kein Titel von Herrn zu Guttenberg.

Hier ist aber abschreiben für Ihre private Buchhaltung erlaubt.

Hinweis für die Jugendlichen „guttenbergen" ist gestattet.

Ich möchte mich mit jedem Leser duzen wegen der persönlichen Anrede, denn es geht um sensible und vertrauliche Themen rund um die privaten Finanzen.

www.tredition.de

Über tredition

Der tredition Verlag wurde 2007 in Hamburg gegründet und ermöglicht Autoren das Publizieren von e-Books, audio-Books und print-Books. Autoren veröffentlichen ihre Bücher selbständig oder auf Wunsch mit der Unterstützung von tredition. print-Books sind in allen Buchhandlungen sowie bei Online-Händlern gedruckter Bücher erhältlich. e-Books und audio-Books können auf Wunsch der Autoren neben dem tredition Web-Shop auch bei weiteren führenden Online-Portalen zum Verkauf angeboten werden.

Auf www.tredition.de veröffentlichen Autoren in wenigen leichten Schritten ihr Buch. Zusätzlich bieten zahlreiche Literatur-Partner (das sind Lektoren, Übersetzer, Hörbuchsprecher und Illustratoren) ihre Dienstleistung an, um Manuskripte zu verbessern oder die Vielfalt zu erhöhen. Autoren können dieses Angebot nutzen und vereinbaren unabhängig von tredition mit Literatur-Partnern ihre Zusammenarbeit und partizipieren gemeinsam am Erfolg des Buches.

Inhaltsverzeichnis

Wie schon im Vorwort erwähnt, möchte ich mich mit jedem Leser duzen für eine nette und persönliche Anrede. Dies machen Freunde und Arbeitskollegen meistens auch. Hier geht es um trockene Betriebswirtschaft und nüchterne Buchhaltung, zudem sensible und vertrauliche Themen rund um die privaten Finanzen.

Am Anfang eines jeden Problems, stellt man sich die „Wie-Frage"

In diesem Fall also:

Wie kannst Du besser auskommen mit dem Einkommen?

Dies kannst du am besten, wenn du die folgenden Anweisungen beachtest und in dein alltägliches Handeln mit aufnimmst.

Als nächstes kommt die „Was" oder „Warum" – Frage.

Was verdiene ich und was gebe ich aus? Warum bleibt nur so wenig oder gar nichts übrig?

Du gibst dein Geld aus, also musst du auch wissen wofür. Und dies nicht nur so ungefähr, sondern ganz im Einzelnen. Wie ein Buchhalter auf Heller und Pfennig oder besser auf den Euro und Cent genau.

Verschaffe dir mit einfachen Hilfsmitteln einen genauen Überblick.

Sei ganz ehrlich zu dir und lasse keinen Punkt aus, nur so weißt du ganz genau wo die „Kohle" bleibt.

Wir sind hier nicht bei Monopoly oder beim Pokern, es ist kein Spielgeld, sondern dein eigenes Geld und eine ernste Angelegenheit.

Bevor du weiterliest, besorge Dir jetzt 3 DIN-A4 Blätter oder ein gebrauchtes Schulheft, welches nicht mehr benötigt wird.

Liste der Einnahmen

So geht das nicht, jetzt hast Du doch schon vorher umgeblättert. Bitte bewege Dich und hole Dir was zu schreiben, denn wir brauchen ganz dringend drei lebensnotwendige Listen.

1. Liste der Einnahmen
2. Liste der Ausgaben
3. Quittungsübersicht oder Haushaltsbuch

Wir starten chronologisch mit der ersten Liste, also das Einkommen oder die Einnahmen.

Diese Liste fällt leider immer bedeutend kürzer aus, als die anderen Listen. Dafür ist sie ganz einfach und ratzfatz fertig.

Beispiel: Arbeitnehmer Lohn / Gehalt

Zum 30.bzw. 1. eines jeden Monats

       Abschlag   xxxx,xx €

am 10. Restlohn   xxxx,xx €

am 18. Kindergeld   xxx,xx € (wenn vorhanden)

Beispiel: Hartz IV - Bezieher

Zum 30.bzw. letzten Tag eines jeden Monats

Regelleistung lt.Bescheid   xxxx,xx €

am 18. Kindergeld   xxx,xx € (wenn vorhanden)

Anmerkung: Das Datum des Kindergelds ist nur ein Beispiel und bei jedem unterschiedlich. Es richtet sich nach der letzten Zahl der Kindergeldnummer. Die Kindergeldkasse der Arbeitsagentur hat eine Hotline bzw. Ansageband, dort kann man jeden Monat den genauen Auszahlungstermin erfahren, wenn man möchte. Wenn die Zahl niedrig ist, bekommt man am Anfang des Monats das Kindergeld.

Wichtig an dieser Stelle: Schreibt diese Tabelle ab und schreibt die entsprechenden €uro-Beträge dazu.

Macht Euch Gedanken, wie kann man die Einnahmen erhöhen? („Wie"-Frage) Es sind doch alle legalen Möglichkeiten erlaubt um die Haushaltskasse aufzubessern.

Denn je höher die Einnahmen, desto weniger muss man sparen!

Beispiele:

Langfristige Einnahmen: Zimmer vermieten, Überstunden machen wegen Lohn/Gehalts-Erhöhung fragen, Nebenjob, Geld anlegen.

Einmalige oder kurzfristige Einnahmen: Zuhause mal ausmisten. Also Sachen von Dachboden, Keller oder Garage verkaufen. Preisgünstige Möglichkeiten sind Flohmärkte oder Internet-Handels-Plattformen.

Für Hartz-IV-Bezieher gibt es auch Möglichkeiten für mehr Geld, vom klassischen Flaschenpfand sammeln bis zum Nebenjob ist einiges dabei. Zum Anfang eines jeden Jahres einen Bewerbungs-kosten-Antrag stellen. Denn es gibt pro geschriebener Bewerbung 5,--€ bis zu einem Betrag von 260,--€ im Jahr.

Diese Kosten werden durch das Vermittlungsbudget –VB- der Argen gefördert bzw. ausgezahlt.

Neben den Bewerbungskosten werden im Vermittlungsbudget auch die Mobilität und die Persönlichkeit gefördert. Wer eine Stelle antritt kann z.b. Fahrtkosten geltend machen oder einen Zuschuss bis 2.000 € für den Erwerb eines eigenen Fahrzeuges beantragen.

Wer noch keinen Job in Aussicht hat, kann eine Unterstützung der Persönlichkeit beantragen. Dies können ein Friseurbesuch, Brille oder Klamotten für ein mögliches Vorstellungsgespräch sein. Der Maximalbetrag liegt bei 150 € im Jahr. Dies ist auch eine gute Lösung um z.b. Markenklamotten oder ein modernes Outfit zu kaufen. Denn Sie können und dürfen die Sachen auch nach einem Vorstellungsgespräch anziehen. Also gut auswählen, denn mit einer Hose und zwei bis drei Oberteilen kann man schon gut kombinieren.

Oberste Regel bei jedem Anliegen: VORHER beantragen und erst dann kaufen.

Eine gute und dauerhafte Erhöhung der Einnahmen für einen Hartz-IV-Bezieher ist die Aufnahme mindestens eines 400 € Jobs oder einer Arbeitsgelegenheit. Ja sicher wird der Minijob (400 €) angerechnet, trotzdem hat man bis 160 € im Monat mehr in der Tasche. Bei einer Arbeitsgelegenheit oder Aktiv-Job, wohl besser bekannt als 1€-Job, hat man bis zu 270 € im Monat.

Hier lohnt sich auch der Antrag auf Ausstellung einer Berechtigungskarte für den Erwerb eines Sozialtickets für das örtliche Verkehrsunternehmen. Die Kosten liegen in der Regel zwischen 15 und 30 €uro. Dieses Ticket ist auf jeden Fall günstiger wie allgemeine Monatsfahrkarten.

Eine weitere Möglichkeit zum Kosten decken ist das neue Paket welches erst im Jahr 2011 durch Frau von der Leyen geschnürt wurde. In § 28 des Sozialgesetzbuches II wurde das sogenannte BILDUNGSPAKET verankert. Hier werden die Bildung der Kinder und die Teilhabe am sozialen Leben gefördert.

Dieses Programm deckt vier Bereiche ab.

Bereich 1 Schulkosten

Bereich 2 Nachhilfe

Bereich 3 Mittagessen

Bereich 4 Sport und Kultur

Eine genaue Auflistung findest du in der Grafik und weitere Infos auf dem Antrag auf den folgenden Seiten.

Was?	Kinder in:	Wer / Für wen? Schüler/innen unter 25 Jahren*	Kinder und Jugendliche bis unter 18 Jahren	Wieviel?	Voraussetzung?		Wie?
Schulbedarf		✓		100 € pro Schuljahr (70 € zum 1.8., 30 € zum 1.2.)	Besuch einer allgemein-/berufsbildenden Schule	Kein Antrag	Überweisung der Geldleistung
1 Ausflüge	Kindertageseinrichtungen	✓		Tatsächliche Kosten der Ausflüge in voller Höhe	Fahrten und Ausflüge, die von einer Schule oder Kindertageseinrichtung veranstaltet werden	Auf Antrag	Direktüberweisung der Kosten an Träger
Schülerfahrten		✓		Kosten, die nicht durch Andere oder den Regelbedarf gedeckt sind	Besuch einer allgemein-/berufsbildenden Schule; Kosten werden bislang nicht übernommen	Auf Antrag	Überweisung der Geldleistung
2 Lernförderung / Nachhilfe		✓		Angemessene, ortsübliche Kosten für Lernförderung in voller Höhe	Angebote bei geeigneten Anbietern	Auf Antrag	Kostenübernahme durch Abrechnung mit Träger oder Anbieter
3 Mittagessen	Kindertageseinrichtungen oder Kindertagespflege	✓		Kosten für Mittagessen, aber 1€ Eigenanteil	Gemeinschaftliches Mittagessen wird in Kindertageseinrichtung/-pflege oder Schule angeboten	Auf Antrag	Kostenübernahme durch Abrechnung mit Träger oder Anbieter
4 Teilhabe an Sport und Kultur	Kindertageseinrichtungen oder Kindertagespflege		✓	10 € pro Monat	Angeleitete Angebote im Bereich Sport und Kultur bei geeigneten Anbietern	Auf Antrag	Gutschein

Antrag auf Leistungen für Bildung und Teilhabe

Füllen Sie diesen Antrag in Druckbuchstaben aus. Bitte beachten Sie die
"Hinweise zum Ausfüllen des Antrages auf Leistungen für Bildung und Teilhabe"

Tag der
Antragstellung: _____

Leistungsempfänger von	Eingangsstempel
☐ Arbeitslosengeld II/Sozialgeld (SGB II) _____ *Nummer der Bedarfsgemeinschaft*	
☐ Sozialhilfe (SGB XII) ☐ Wohngeld ☐ Kinderzuschlag *(Bitte aktuellen Leistungsbescheid beifügen)*	

Persönliche Daten zum Kind bzw. zum Schüler/zur Schülerin:

_____   _____   _____
Name   *Vorname*   *Geburtsdatum*

_____
Name, Vorname und Anschrift des gesetzlichen Vertreters des Kindes

Die/der Leistungsberechtigte besucht

☐ eine allgemein-/berufsbildende Schule   ☐ eine Kindertageseinrichtung

_____
Name und Anschrift der Schule/Kindertageseinrichtung

Es werden folgende Leistungen für Bildung und Teilhabe nach § 28 SGB II / § 34 SGB XII / § 6b BKGG i.V.m. § 28 SGB II beantragt:

☐ für **Ausflüge/Klassenfahrten** der Schule/Kindertageseinrichtung ☐ eintägig ☐ mehrtägig
(Bitte Bestätigung der Schule/Kindertageseinrichtung über Art, Dauer und Kosten des Ausflugs vorlegen.)

☐ für **persönlichen Schulbedarf** (Pauschale)

☐ für **Schülerbeförderung**

   ☐ Es entstehen für den Schulweg Kosten in Höhe von monatlich _____Euro.

   ☐ Es wird ein Zuschuss von Dritten (z.B. vom Kreis oder Land) zu den Beförderungskosten in Höhe von
   _____ Euro monatlich gewährt.
   (Bitte jeweils entsprechende Nachweise beifügen wie z.B. Bescheid/Rechnung/Quittung).

☐ für eine ergänzende angemessene **Lernförderung**
(Bitte Bestätigung der Schule auf entsprechendem Formblatt vorlegen.)

☐ für **gemeinschaftliches Mittagessen** in der Schule oder Kindertageseinrichtung
Og. Person nimmt durchschnittlich an _____ Tagen in der Woche am gemeinschaftlichen Mittagessen teil.

☐ zur **Teilhabe am sozialen und kulturellen Leben** (Aktivitäten in Vereinen, Musikunterricht, Freizeiten, o.ä.)
Og. Person nimmt im Zeitraum von _____ bis _____ an folgender Aktivität teil:

_____   _____
Aktivität/Vereinsmitgliedschaft   *Name und Anschrift des Leistungsanbieters/Vereins*

Die Kosten hierfür betragen _____ Euro ☐im Monat ☐im Quartal ☐im Halbjahr ☐im Jahr.

(Fügen Sie bitte einen Nachweis über die Kosten bei.)

Einverständniserklärung:
Die Leistungen des Bildungs- und Teilhabepakets werden nach dem Willen des Gesetzgebers als Sachleistungen erbracht. Ich bin deshalb damit einverstanden, dass meine dafür erforderlichen persönlichen Daten an den Leistungserbringer übermittelt werden.

Ich versichere, dass die Angaben zutreffend sind.
Den Hinweis zum Datenschutz auf den Ausfüllhinweisen dieses Antrags habe ich zur Kenntnis genommen.

_____   _____
Ort/Datum   *Unterschrift Antragsteller/in bzw. des gesetzlichen Vertreters bei Kindern unter 18 Jahren*

14

Wer jetzt so schlau ist und denkt, er muss nur die Anzahl der eigenen Kinder erhöhen, der ist komplett auf dem Holzweg. Ein vernünftiges Kind kostet mehr als Kindergeld, Erziehungsgeld, Steuervorteil usw. zusammen. Du musst dem Kind auch eine Perspektive bieten und sich nicht an ihnen bereichern.

Liste der Ausgaben

Wie schon erwähnt ist diese Liste meistens richtig lang und für die meisten wohl eindeutig zu lang. Hier ist eine grobe Vorgabe, denn jeder sollte diese mit seinen jeweiligen Positionen ergänzen.

Also schnapp Dir jetzt das zweite Blatt und schreibe die folgende Tabelle ab. Du kannst natürlich auch die Tabelle am Ende sorgfältig ausfüllen.

Wohnen (Miete, Kostgeld)

Abos, Zeitschriften

Fahrtkosten, Sprit, Auto-Verschleiß, Fahrkarten

Telefon

Handy

Internet

Kredite / Raten

Versicherungen

Mitgliedsbeiträge

Spar oder Bausparverträge

Lebensmittel Essen/Trinken

Körperpflege

Klamotten

Events / Kino / ausgehen

Hobbys

Zigaretten / Genussmittel

Haushaltsbuch

Mit dem Haushaltsbuch hast du eine Gesamt-Übersicht über deine
Einnahmen und Ausgaben. Es ist das gleiche System wie die Buch-
führung in einer Firma, natürlich nur auf deine Bedürfnisse abge-
stimmt. Wichtig ist nur, dass du jeden Posten und jeden Kassenbon
genau einträgst. Du kannst Dir vorgedruckte Haushaltspläne oder
auch Haushalts-Budgetplaner genannt, zum Beispiel bei der Spar-
kasse kostenlos besorgen. Desweiteren könntest Du das Beispiel
auf den folgenden zwei Seiten ordentlich mit Lineal auf einem ka-
rierten Heft übertragen. Es gibt aber auch tolle Vordrucke von der
Firma Sigel oder Zweckform in jedem Büro-Bedarf. Diese Blöcke
sind eine einmalige Anschaffung und kosten um die 5 Euro.

Datum	Art der Einnahmen und Ausgaben	Einnahmen	Ausgaben Gesamt-betrag	Wohnung Miete, Heizung, Wasser, Strom, Gas, Telefon, etc.
	Übertrag			
	Summe / Übertrag			

Aufteilung der Ausgaben

Ernährung	Genuß-mittel	Körperpflege Reinigung	Unterhaltung Bildung	Fahrkosten	Anschaffung Instandhaltung	Verschiedenes
Brot, Fleisch, Getränke, etc.	Süßwaren, Spirituosen, Tabakwaren, etc.	Kosmetik, Gesundheit, Wäsche, Putzmittel, etc.	Zeitschriften, Bücher, Fernsehen, Theater, Hobby, etc.	Auto, öffentliche Verkehrsmittel, etc.	Bekleidung, Hausrat, Möbel, Reparaturen, etc.	

Goldene Regeln aus der Geld-Krise

1. Liste für Einnahmen und Ausgaben anfertigen dies kann man optimal in einem Haushaltsbuch. Du solltest dir Gedanken machen, wie man die Einnahmen erhöhen und die Ausgaben/Kosten senken kann.
2. Immer die Miete pünktlich und zuerst überweisen. Denn schon nach zwei rückständigen Monatsmieten drohen die Kündigung des Vermieters und damit die Wohnungslosigkeit.
3. Die Energiekosten wie Strom oder Heizung als nächstes nach der Miete überweisen. Manche Energielieferanten verstehen keinen Spaß und wenn der Strom erst mal abgeklemmt ist, entstehen neue Kosten und viel Ärger.
4. Alle Überweisungen von einem Konto tätigen und das Restgeld am gleichen Tag nach Geldeingang abholen. Wer Probleme mit Gläubigern hat oder befürchtet, braucht ab 01.Januar 2012 ein sogenanntes P-Konto. Vorher hatte man 7 Tage Pfändungsschutz bei Sozialleistungen und Kindergeld. Jetzt wird Pfändungsschutz für Kontoguthaben und Verrechnungsschutz für Sozialleistungen und Kindergeld nur noch für Pfändungsschutzkonten nach § 850k der Zivilprozessordnung gewährt.
5. Seine Schulden im Blick haben. Mit allen Gläubigern selber verhandeln und sofort auf Mahnbescheide reagieren. Wenn dieser zu hoch oder nicht gerechtfertigt ist, innerhalb von zwei Wochen Einspruch einlegen. (siehe Antwortblatt des Mahnbescheids) Somit wird die Forderung nicht anerkannt und nach zwei Wochen kommt nicht der Vollstreckungsbescheid. Daher kann der Gerichtsvollzieher auch noch nicht bei dir klingeln.

6. Keine neuen Kredite aufnehmen und schon gar nicht auf dubiose und unseriöse Anbieter reinfallen mit folgenden Werbesprüchen: „Bargeld sofort", „Auch ohne Schufa", „Nur 150 € Bearbeitungsgebühr, Auszahlung garantiert"

7. Keine Firma hat etwas zu verschenken, auch nicht wenn man Betrag X gewonnen hat und einen kleinen Betrag überweisen muss.

8. Alle Firmen bei denen man im Voraus etwas überweisen muss, wie Castingagenturen, Modelagenturen, Veranstalter, Gewinnspiele etc. sind unseriös.

Günstig einkaufen

Warum soll ich viel Geld ausgeben um immer dicker zu werden? Das ist doch Quatsch!

Effizient und günstig einkaufen und damit Geld und Kalorien sparen. Die Supermärkte überbieten sich doch mit ihren Werbezetteln. Diese Informationen und Geldspartipps kommen doch unaufgefordert und kostenlos ins Haus. Also einfach mal kurz Zeit nehmen und die Zettel genau studieren. Dabei nur die Produkte ankreuzen, die wirklich günstig sind und auch nur benötigt werden.

Auch beim Einkaufen in der Filiale nur die Angebotsprodukte einkaufen. Die Supermärkte machen tolle Angebote um dich erst einmal in den Laden zu locken, denn dann denken die, dass du auch andere und teurere Produkte einkaufst. Dies sollte man tunlichst bleiben lassen und nur die Angebotsprodukte einkaufen. Besonders freitags und samstags lässt sich bei vielen Supermärkten noch mehr Geld sparen. Dort gibt es bestimmte Kühltheken und Körbe mit 30 % reduzierter Ware. Diese Produkte sind meistens kurz vor dem ablaufen. Das Mindesthaltbarkeitsdatum beinhaltet nur das Datum der Mindesthaltbarkeit. Das sagt aber nichts über das Produkt aus, denn viele Lebensmittel kann man bis zu 14 Tage über dem Datum noch genießen. Doch leider werfen 75 % der Deutschen die Lebensmittel einfach weg, ohne sie zu öffnen oder reinzuschauen. Dabei kann man Wurst, Brot, Fleisch etc. ohne Probleme einfrieren, dann hat man mindestens nochmal 3 Monate mit dem Verzehr Zeit.

Es gibt aber auch tolle Spar-Aktionen zum doppelt sparen.

<u>Beispiel:</u>

PRINGELS von 1,99€ auf 1,00€ oder 1,11€ reduziert. Zudem ist im Deckel ein Burger-Gutschein im Wert von 2 € für eine bekannte Burger-Braterei. Also hat man auf einen Schlag 3 € gespart.

Und wenn du die Stapelchips nicht magst, einfach für deine Gäste kaufen und Gutschein vorher entfernen. Die nächsten Geburtstagspartys oder Fußballabende kommen bestimmt.

Wenn man z.B. Elektroniksachen einkauft, sollte man handeln wie auf einem türkischen Basar. Überall und in jedem Geschäft sind weitere Rabatte möglich. Bestes Argument: „Dann gehe ich eben woanders kaufen!"

Bei Lebensmittel kann man auch selber handeln. Wenn Erdbeeren oder anderes Obst nicht mehr so gut aussehen oder gar matschig werden, sofort Vorschläge machen. Dann hol Ihr eine Verkäuferin und schlag Ihr einen Handel vor, denn sonst bekommen die das Obst nicht anders verkauft. Denn nur 1/3 des Ursprungspreises wäre ideal für Erdbeer-Milchshakes, selbstgemachte Joghurts, Bowle, Fruchtsalate oder Marmeladen.

<u>Praxisbeispiel:</u>

Wir haben folgendes an einem Samstagmittag in einem Lebensmittel-Premium-Markt erlebt. Wir fragten nach Obst welches nicht mehr am anderen Tag bzw. Montag verkauft werden konnte. Der Filialleiter sagte uns dass sie das ganze Obst vor einer halben Stunde durchsortiert hatten. Wir können alles kostenlos mitnehmen, denn es würde in der Presse landen und wäre auch nicht mehr in der nächsten Woche für die Tafel zu gebrauchen. Wir gingen wie besprochen hinten zum Lager und bekamen 7 Platten a` 10 Stück Erdbeer-Schalen mit je 500 Gramm.

Also umgerechnet stolze 35 Kilo Erdbeeren

Nachdem wir uns freundlichst bedankt hatten, fuhren wir mit der schweren Beute nach Hause. Dann wurden Erdbeeren genascht und zu Marmelade, Milch-Shakes usw. weiter verarbeitet. Ein ganz geringer Teil war matschig und faul und gelang direkt in die Bio-Tonne. Wir hatten auch ganze Erdbeeren eingefroren, dies kann ich aber nicht weiterempfehlen. Die Frucht wird beim auftauen ganz wässerig und schmeckt dann nicht mehr so lecker.

Nach einer Woche konnten wir zwar keine Erdbeeren mehr sehen, aber zum Glück hatten wir direkt an Freunde und Nachbarn auch abgegeben.

Es gibt auch Rabatt-Aktionen und Coupons in Beilagen und Zeitungen.

Beispiele:

Winter-Special
25 % Rabatt auf den gesamten
Einkauf vom 23. bis 25.11.2009.

8 000000 429711

Creativ Stu
Elisabethstr. 13, 45879 J
Tel.: 0209 1486657
Handy: 0175 2060079
15 % Rabatt auf alle Bewerbungsbilder
(Erst- und Nachbestellung oder Serien)

nis

Buy one, get one free!

SIE SPAREN
50%

Gegen Abgabe erhalten Sie:

2 Big Mäc®
zum Preis von einem für nur 3,95 €

Gültig bis 31.12.2009
bei McDonald's 4x in Gelsenkirchen
und in Herten, Resser Weg 26
www.mcdonalds.de

Coupon!

Diesen Gutscheine könnt ihr ausschneiden und einlösen!

TC Ückendo

Tennisanlage ai

Telefon: 0209 1:

1 Schnupper-Tr

www.tc-ueck

Schaut
Kino G

Horster Str.
45897 Gels
Tel. 0209 3

Jeder Fi

Umtausch ohne wenn und aber

Man kann fast alles umtauschen oder reklamieren. Wichtig ist nur Kassenbons, Quittungen und Garantiebelege ordentlich aufbewahren.

Praxisbeispiel:

2008: Swimming-Pool umgetauscht wegen angeblichem kleinen Loch im Rand. Wir haben das Geld komplett zurückgekommen und als Entschädigung für den Wasserverbrauch gab es eine tolle Hollywoodschaukel für den Garten zum Vorzugspreis von 20,00 €.

2010: Swimming-Pool stand genau 29 Tage beim Super Sommer Juli bis Mitte August. Wir haben ihn nicht sauber gemacht, aber so intelligent verpackt, dass man nichts sehen konnte. Selbst der Karton wurde nicht auf Inhalt überprüft, als wir ihn am letzten Tag der 30 Tage Frist umgetauscht hatten. So hatten wir Badespaß und unser komplettes Geld wieder.

Schwedisches Möbelhaus: Rollos hangen ein Jahr vorm Fenster, danach ohne Kassenbon wieder umgetauscht und komplettes Geld wieder zurück.

Wichtig ist bei den Gesprächen überzeugend reden und Vertrauen erwecken, außerdem schadet es nicht wenn man clever ist und sehr gut reden kann.

Kostenlos ?

Was kann man alles kostenlos bekommen? Natürlich sind hier nur alle legalen Dinge aufgeführt und keine Einbrüche oder Straftaten.

Man wundert sich aber dies kann sehr viel und umfassend sein.

Abo mit Werbegeschenk / Probe-Abo

Hier bekommt man eine Zeitung oder ein Magazin zum gleichen Preis wie am Kiosk zugesendet. Einige Abos sind sogenannte Probe- oder Test Abos. Bei anderen gibt es noch ein Küchengerät oder andere tolle Sachen dabei. Man sollte nur etwas abonnieren, wenn man auch Interesse daran hat. Wichtig in jedem Fall, das Kleinge-druckte immer genau lesen und Abos innerhalb der Bezugsfrist pünktlich kündigen. Es empfiehlt sich auch, eine falsche oder gar keine Telefonnummer bzw. Handynummer anzugeben, denn die wollen dich als Kunden nicht verlieren und werden öfters nachfra-gen

Code für Musik-Download

Getränke-Hersteller bieten diese Codes in den Drehverschlüssen an. Der Lebensmittelmarkt REWE bietet eine Sammelaktion beim Einkauf für die Gratis-Codes an.

Internet

Im Internet gibt es viele Sachen zum Nulltarif. Als allererstes aber gut aufpassen, damit man keine versteckten Abos oder sonstige Schweinereien am Bein hat. Einfach mal nach „gratis" oder „kos-tenlos" in die Google-Suchmaschine eintippen. Hier gibt es vom Gratis-Konto über Gratis-Apps –SMS auch Gratis-Proben oder Spiele. Ich möchte hier für kein Internet-Portal Werbung machen, also einfach mal selber ausprobieren.

Fernsehzeitung

Jeden Samstag kommt das Werbeblatt „Einkauf Aktuell" mit kostenlosem TV-Programm für jeweils eine Woche. Ersparnis: ca. 4 € im Monat. Es gibt auch ein Gratis-Tool im Internet mit dem Namen TV-Genial, dort hat man in der kostenlosen Basis-Version die meisten und wichtigsten Sender auf einem Blick.

Gratis-Getränke

Dies ist ja schon lange nichts Neues mehr. Denn in vielen Arzt-Praxen, Drogerie-Märkten, Lebensmittelmärkten oder Wartezonen stehen diese Blubber-Kanister mit den fast drei eckigen und spitzen Pappbechern. In den 90er Jahren kreierte der Designer Jean Paul Gaultier einen Tüten-BH für die Sängerin Madonna. Beide wurden dadurch weltberühmt und es sah aus, als habe der Modemacher zwei dieser tollen Pappbecher verarbeitet.

Gratis-Verköstigung

In großen Lebensmittel-Märkten wie zum Beispiel MARKTKAUF oder REAL kann man an bestimmten Tagen, meistens am Wochenende viele Sachen probieren. Also den Einkauf auf das Wochenende verschieben, hier ist es zwar voller wie in der Woche, aber man kann sich doch auch Zeit nehmen. Es werden tolle Sachen angeboten wie zum Beispiel:

- Kleines Frühstück
- Verschiedene Knäckebrot-Sorten
- Brotaufstriche
- Wurst
- Snacks
- Kleine verschiedene Portionen Mittagessen
- Getränke von der Limo bis zum Rum.

Gutscheine

Diese sind sehr nützlich beim (Online)-Einkauf oder beim Besuch eines Parks oder Events. Die Gutscheine sind unterschiedlich, denn mal gibt es einen direkten Preisnachlass oder auch mehr Produkte zum gleichen Preis.

Hier mal eine kleine Übersicht der unterschiedlichen Gutscheine und Coupons.

.

Portale / Rubriken

Es gibt Internet-Portale wie z.B. markt.de oder Ebay-Kleinanzeigen.de dort gibt es jeweils eine Rubrik „Zu Verschenken". Auch im Stadtspiegel oder anderen Zeitung gibt es diese Rubrik. Man sollte sich aber nur Ziele im Umkreis aussuchen. Die Fahrt kann man dabei aber nicht rechnen, denn zum Baumarkt oder Möbel-Discounter müsste man auch hinfahren und zusätzlich noch an der Kasse bezahlen. Egal ob Sachen für den Garten oder Möbel, kleine Reparaturen oder saubermachen ist immer günstiger wie neukaufen. Für den Garten kann man Bauholz, Mutterboden, Sand, Steinplatten für Wege und für die Wohnung Schränke und Möbel kostenlos bekommen.

Produkt-Proben / Muster

Es gibt Geschäfte welche Produktproben anbieten. Diese sind meistens Drogerie-Märkte wie DM, ROSSMANN oder SCHLECKER.

Obwohl man ganz aktuell den letzten Anbieter wegen Konkurs wieder streichen kann. Hier zwei tolle Witze zu dieser Drogerie-Kette: „Was machen drei Kitzler in der Einkaufspassage? Warten, dass SCHLECKER aufmacht!" oder „ALDI ist gestorben und steht vor der verschlossenen Himmelspforte: "Oh, wie komm ich denn nur rein? Ich war ja so böse..." denkt er sich. Da kommt eine Nonne vorbei und er fragt sie gleich darauf: "Bitte liebe Nonne, kann ich unter deine Kutte kriechen und du schleust mich dann durch die Himmelspforte." Die Nonne ist ganz erstaunt, denkt sich aber: "Ok, beim ALDI war eigentlich fast alles doch immer sehr billig." Gesagt - getan. Sie lässt den ALDI unter Ihre Kutte. Nach ein paar Schritten fängt Sie an zu stöhnen "OH - oh -oh!". Sie hebt ihre Kutte hoch und schimpft: "Du, du, du! Du bist ja gar nicht der ALDI, du bist der SCHLECKER!"

Jetzt sind wir ein bisschen vom Thema abgekommen aber es war auch mal wichtig ein wenig zu lachen bei diesem trockenen Thema.

Doch sofort gibt es hier Quer-Vergleiche zu anderen Themen in diesem Buch. Was machen die fast 30.000 Beschäftigten jetzt, nachdem sie schon seit Januar 2012 um ihren Job gebangt haben? Sie haben Existenz-Ängste und viele werden arbeitslos. Die Filialen schließen und dann gibt es Rabatte von 30 bis 50 %, damit die Läden leer werden. Wie heißt so schön? „Des einen Leid, des anderen Freud". Also viel Glück für uns, den Verbraucher, man kann wieder günstig einkaufen und Schnäppchen machen. Auch hier bei Shampoo, Deo und Parfum zu schlagen, denn so günstig wird es wohl erst wieder, wenn die nächste Drogerie-Kette Pleite geht.

Ich wollte eigentlich nur erklären, dass man einfach zugreift wenn Produktproben ausliegen. Dies gilt auch für Bonbons, Kugelschreiber, Taschen usw. in anderen Geschäften.

Reste-Kiste

Sehr beliebt sind auch die Reste-Kisten im Baumarkt. Hier sind
kleinere Regalböden, Bastelholz oder Leisten zu finden. In der Regel werden diese Abfall- oder Endstücke kostenlos abgegeben. Das
Angebot ist natürlich täglich unterschiedlich, aber zum Basteln
oder Heimwerken von kleinen Objekten ist dies ideal.

Sand / Holzreste

In deinem direkten Umfeld gibt es bestimmt mehrere Baustellen.
Dort kannst du mal nachfragen, wenn du etwas für deinen Garten
brauchst, wie z.B. Sand für die Gehweg-Platten etc.

Zu Verschenken

Das muss deine Lieblingsrubrik werden, wie unter Portale /
Rubriken schon beschrieben.

Warum für etwas Geld ausgeben, wenn ich es auch umsonst bzw.
kostenlos haben kann. Man kann Tageszeitungen online lesen, oder
Filme über Web-TV kostenlos ansehen. Das Internet brauchst du
um alle Möglichkeiten auszuschöpfen und Preisvergleiche anzu-
stellen.

Die Verarschung bei den Lebensmitteln

Was kaum ein Verbraucher über Lebensmittel weiß:

Fast jeder Markenhersteller produziert ein oder mehrere Discount-Produkte unter anderem Namen!

Dieses Geheimnis plaudern die Hersteller natürlich nicht aus, es wird verdeckt, getäuscht und geschwiegen. Die Lebensmittelhersteller sind da auch nicht besser, wie die katholische Kirche mit Ihrem Missbrauchsskandal. Auch die pausenlose Werbung im Fernsehen, Radio, Printmedien oder Plakate ist völlig überflüssig.

Die Werbeindustrie gehört komplett abgeschafft.

Um ein neues Produkt anzupreisen, sollte man es im Supermarkt probieren oder ausprobieren lassen, je nach dem um was es sich handelt. Dort kann es auch gekauft werden, das Produkt ist also sofort verfügbar. Außerdem sieht man direkt die Reaktion der Kunden und die Hersteller bekommen weitere Anregungen, Feedback oder auch Kritik.

Wie nimmst du denn die Fernseh-Werbung wahr?

Wartest du schon ganz sehnsüchtig auf die Werbung? Sitzt du mit Zettel und Stift vor der Glotze um alle Produkte zu notieren und direkt am nächsten Tag zu kaufen? Wohl kaum.

Meistens dauert eine Werbeunterbrechung im Privatfernsehen 7 Minuten, obwohl es eigentlich nur 6 Minuten sein dürften. Dann kommt noch Filmwerbung für den Sender und auch der gestoppte Film wird ein bisschen „zurückgespult".

Also fast 8 Minuten Pause, was kann man in dieser Zeit alles anstellen? Es gibt viele Möglichkeiten:

→ Auf Toilette gehen

→ Neue Getränke holen

→ Abendbrot zubereiten

→ Die Kinder zu Bett bringen

→ Kurz die E-Mails abrufen

→ Auto in die Garage fahren

→ Kurz zum Kiosk / Tankstelle

→ In Ruhe eine Zigarette rauchen

→ Jemanden anrufen. Am besten die Schwiegermutter oder jemand anders unangenehmen, damit man ein Alibi oder Grund zum auflegen hat. „Ich muss jetzt leider Schluss machen, denn meine Sendung geht weiter."

→ Blumen gießen in Wohnung oder Garten

→ Ein Zimmer saugen oder swiffern.

→ Auch ein Quickie mit der Partnerin ist zeitlich möglich und sinnvoller wie jede Werbung.

Jetzt frage ich dich mal ganz ehrlich, was machst du in der Werbepause? Ich würde mich freuen, wenn du mir deine Meinung unter wilfes@gmx.de zumailst. Möchtest Du, dass die Werbung abgeschafft wird? Ja / Nein ? Danke.

Also dieses Buch ist informativ und jetzt noch interaktiv.

Jetzt werden viele sagen: „Was machen die privaten Fernsehsender oder die ganzen Arbeitnehmer, die in der Werbebranche beschäftigt sind?"

PHASE 1:

Viele Beschäftigte der Werbebranche würden arbeitslos und müssten sich etwas anderes suchen. Wenn Handy- oder Autohersteller Pleite gehen, oder den Betrieb ins Ausland verlagern, oder Baufirmen in Konkurs gehen, ist dies ja auch kein Problem.

PHASE 2:

Die Privatsender werden gezwungen ihr Programm ohne Werbeunterbrechung zu senden. Dafür zahlt bestimmt jeder TV-Haushalt gerne 3-5€ im Monat.

PHASE 3:

Die Lebensmittel oder Markenprodukte werden 25-30 % für jeden einzelnen Käufer billiger, denn die Werbekosten fallen weg.

PHASE 4:

Die Finanzämter und Kommunen erhalten von den Herstellern automatisch mehr Gewerbesteuer. Denn die Werbekosten können nicht mehr von der Umsatzsteuer abgezogen oder verrechnet werden. Dann könnte auch kein Limonaden-Hersteller Gewinne durch Weihnachtstrucks unnötig verprassen.

Nur weil dieser Konzern den Weihnachtsmann erfunden hat, haben die auch keine Sonderrechte.

PHASE 5:

Die Kommunen, Gemeinden und Bundesländer hätten bedeutend höhere Finanzeinnahmen. Diese könnten Rentnern, Hartz IV-Empfängern, Geringverdienern zugutekommen oder für soziale Projekte, Kindergärten und bessere Bildung und Ausbildung genutzt werden.

Ich glaube nicht, dass die Werbung irgendetwas bringt außer zu nerven. Jeder einzelne potentielle Käufer, wie es so schön heißt, hat doch seine eigenen Vorlieben.

Jeder hat im Schnitt zwei bis drei Lieblings…

→ Getränkesorten

→ Biersorten

→ Eissorten

→ Brotsorten

→ Menus / Essen

→ Pflegeprodukte usw.

Wechselt Ihr eure Biersorte, nur weil Günther Jauch dafür Werbung macht? Wenn man sich als Geringverdiener oder Hartz IV-Bezieher nur eine günstigere Biersorte leisten kann, dann können die Premium-Hersteller noch 100.000 € in die Werbung ballern und ich bin immer noch nicht deren Kunde.

Hier der wohl einzige Marken-Bierhersteller, der dies wohl kapiert hat und es sogar auf dem Produkt abdruckt.

Das Bier trägt den Namen 5.0, also einfach die Höhe des Alkohol-gehaltes als Namen genommen. Dafür brauchte man keine Werbe-strategen, Logo-Designer und riesen Werbe-Budget. Das Bier gibt es in Pils und Export und kommt von der Feldschlösschen Brauerei aus Braunschweig und wurde von der Oettinger Brauerei GmbH komplett gekauft. Dies ist eine Tochter von „Holsten"-Bier und gehört zur „Carlsberg" Brauereigruppe. Dies sind alles Premium-Marken, nur 1 Liter Feldschlösschen kostet 1,19 € und 1 Liter Bier unter dem Namen 5.0 nur 0,66 €. Dies ist fast die Hälfte, da kann man ohne Werbung als Kunde richtig Geld sparen, wie man sieht.

Dem potentiellen Käufer wird alles Mögliche suggeriert, damit das Geschäft seine Produkte verkauft. Im Supermarkt werden wir mit unterschiedlichem Licht getäuscht und glauben das Obst und Ge-müse ist wie frisch gemalt.

Jetzt springen wir mal auf die nächste Seite, denn es geht um die Marken und die günstigeren Ableger. Darunter verstehen wir ein Premium-Produkt oder Marken-Produkt, welches günstig als so-genanntes „No-Name" Produkt verkauft wird. So wie bei unserem obigen Bier-Praxisbeispiel wird deutlich, dass Werbung völlig überflüssig ist. Auch die Produkte bei den Discountern werden ohne Werbung gekauft und ganz oft steckt dort sogar ein Marken-produkt drin. Wenn alle Kunden die Ableger der Marken genau kennen, dann würde das meist 35 bis 40 % teueres Markenprodukt erst gar nicht gekauft. Der Kunde könnte die Werbung selber nur durch die Änderung der Kauf-Gewohnheiten abschaffen.

Welche Marke steckt dahinter?

Über die Verarschung bei den Lebensmitteln haben wir schon gesprochen, jetzt kommen die harten Fakten und Beweise welches No-Name Produkt kommt vom Markenhersteller. Ganz böse Zungen könnten auch vom Etikettenschwindel und Betrug sprechen, wenn es um zwei gleiche Produkte aus gleichem Hause geht und das eine wird bewusst billiger angeboten. Doch wohl alle Nahrungsmittelproduzenten haben bereits mehrere Produktionsstellen, daher bekommen sie auch mehrere Veterinärkontrollnummern. Dann können die Produzenten ganz leicht mehrere Markenprodukte in einem Werk herstellen und in einem anderen Werk, in einem anderen Bundesland, alle günstigeren aber gleichen No-Name Produkte. So bekommt man mehrere verschiedene Kontrollnummern und der Verbraucher kommt der „Lebensmittel-Mafia" nicht auf die Schliche.

Marken bei Aldi als No-Name-Produkte

Was im Fernsehen mit Werbemillionen in das Gedächtnis der Konsumenten gehämmert wird, liegt oft für viel weniger Geld in den Regalen von ALDI & Co. Wer mit offenen Augen durch die Reihen der Lebensmittelregale läuft, kann jede Menge Geld sparen, ohne dabei auf gewohnte Qualität verzichten zu müssen. Nicht nur wo Marke draufsteht, ist auch Marke drin. Oft geben der Herstellungsort oder die diversen Kennzeichnungs-Nummern Aufschluss über den bekannten Hersteller. Hinter reinen No-Name-Produkten und Hausmarken der Discounter stecken deshalb oft Produkte renommierter Markenhersteller. Es sollten alle Discounter enttarnt werden, denn der gleiche Hersteller liefert oft auch die gleiche Qualität. Denn in den meisten Fällen ist es für die Hersteller unrentabel für die Billigmarke die Rezeptur oder die Einstellung der Produktionsanlagen zu ändern. Ein Großteil der "Tarnprodukte" ist daher absolut identisch zum Marken-Pendant. Das muss allerdings nicht auf alle Produkte zutreffen. Schon mit recht geringen Rezepturvariationen - etwa anderen Geschmacks- oder Duftstoffen - kann man den Eindruck eines komplett anderen Produktes erwecken.

Aber warum werden die Markenprodukte geschützt und getarnt?

Viele Markenhersteller haben die Vorteile der Massenproduktion erkannt: je größer die produzierte Stückzahl, desto geringer sind die Herstellungskosten eines Produktes. Da sich die zusätzliche produzierten Menge aber nicht als hochmarkige Markenprodukte absetzen lässt, wird sie häufig zu wesentlich geringeren Preisen als No-Name-Produkt oder Zweitmarke vertrieben. Was in Experten-kreisen und Wirtschaftslehrbüchern als "Zweitmarkenstrategie" schon seit Jahren behandelt wird, blieb einem Großteil der Ver-braucher bislang verborgen. Kein Wunder. Schließlich sind Mar-kenhersteller nicht daran interessiert, dass die Konsumenten von ihrer Doppelstrategie erfahren. Wer würde noch das teuere Mar-kenprodukt kaufen, wenn er das No-Name-Pendant für die Hälfte des Preises erwerben kann? Daher wird mit allen Mitteln der Kunst die Hauptmarke vertuscht oder geheim gehalten.

In der Nahrungsmittelherstellung gibt es mehrere **Big-Player** im Lebensmittelgeschäft. Der größte Konzern ist **Nestle´**, gefolgt von **Pepsico** in den USA und auf Platz 3 liegt **Kraft Foods**.

Die Nestle´-AG wurde 1866 in der Schweiz gegründet und beher-bergt folgende Marken bzw. Produkte: Bübchen, Buitoni, L´Oreal, Maggi, Mars, Perrier und Wagner Tiefkühlpizza.

Das Kraft-Food Imperium wurde 1903 in Chicago mit 60 Dollar Startkapital als Käsehandel gegründet. Heute sind dort folgende Marken bzw. Produkte zu Hause: Jacobs Krönung, Cafe´ Hag, Miracel Whip, Milka, Onko Kaffee, Oreo, Philadelphia, Suchard, Toblerone und Tassimo.

Aber welche Premium-Marken stecken wirklich in den Aldi-Marken? Eine grobe Liste findest du auf den nächsten Seiten.

Marke / Hersteller	Lebensmittel	No-Name-Marke
Alberto	Tiefkühlpizza	Baroni, Riggano, Palazzo
Alpenhain	Camembert	Royal
Apetito	Reispfannengerichte	Schlemmerland
Bauer	Fettarme Joghurts	Biotic, Desira
Bonduelle	Bohnen,Erbsen,Mais	Gartenkrone
Brandt	Markenzwieback	Goldähren
Campina	Joghurt	Der Sahnige
Campino	Sahne-Bonbons	Van Bolten
Chio	Chips in Tüten	Feurich
Danone	Fruchtzwerge	Frucht Juniors
Deinhard	Sekt	Erlenbrunn
Develey	Senf	Bavaria
Dickmann´s	Schokoküsse	Monarc
Erasco / Campbell Soup Company	Dosengerichte und Suppengerichte	Primana
Freixenet Cava	Sekt und Wein	Cava Delmora
Frosta	Fischstäbchen	Eskimo
Griesson de Beukelaer	Soft-Cake, Kekse und Cookies	Bistro und Coverna
Homann	Fleischsalat	Delikatess
Humana	Quark und Grieß-Pudding	Desira, Royal
Katjes	Fruchtgummi,Lakritz	Sweetland
Kleenex	Küchentücher	Cien
Krüger	Kaffee	Moreno
Leibniz Bahlsen	Butterkekse	Biscotta
Lorenz Bahlsen	Stapelchips	Ibu
Miracoli / Kraft Foods	Kochschinken, Leberwurst	Gebirgsjäger
Müller	Probiotischer Drink und Joghurt	Biac, Milfina, Cremadiso
Müller	Reine Buttermilch	Milsani
Mövenpick / Schöller	Eis	Grandessa, Monarc, Premium

Nescafe´Gold	Kaffee	Belmont Gold
Nestle´	Grill-Soßen	Kim
Onken	Schoko-Aufstrich	Desira Prem.Creme
Pampers	Windeln	Cien
Patros	Feta-Käse Balkan	Feta
Petrella	Frischkäse	Liptana
Prinzenrolle	Doppelkekse	Monarc
Ültje	Erdnüsse, Cashewkerne	Farmer
Verpoorten	Eierlikör	Gold Advocaat
Zott	Joghurt, Mozzarella	Premium, Milceso

Aber die Marken- Hersteller beliefern nicht nur Aldi sondern auch alle anderen Discounter und Lebensmittelketten.

Danone Fruchtzwerge = Früchte-Jumbo bei LIDL

Krüger-Kaffee nennt sich GranArom bei REWE und Tchibo aber Moreno bei ALDI.

Auch bei Real, Edeka, Kaufpark, Marktkauf usw. gibt es günstigere Marken-Produkte, dies sind dann meistens die Hausmarken wie Real-Quality, Gut und günstig, Tip oder Ja!

Es ist doch eigenartig wenn ein Hersteller ein gleiches Produkt unter anderen Namen für mehrere Lebensmittelketten herstellt. Eigentlich ist es doch Betrug am Kunden und Verbraucher, also werden wir alle gerne von den Lebensmittelherstellern angelogen um noch mehr Profit zu machen. Daher ist es ganz wichtig die Produkte nur zum Angebots-Preis oder kurz vor dem ablaufen mit 30 % Rabatt zu kaufen.

So werde ich alle Schulden los

Als erstes vorab dieser Tipp: Wie auf dem Cover-Foto zu sehen ist, halte die Hand auf dein Geld. Gib es nicht sinnlos aus, auch wenn du es dir jetzt anscheinend leisten kannst.

Wenn du doch Schulden hast, dann gehe genau nach der folgenden Anleitung vor, denn jedes ist seines Glückes Schmied.

Jetzt wirst du sagen: „Es gibt doch Schuldnerberatungsstellen, denen knalle ich meine Unterlagen auf den Tisch und schon geht es los." Wenn Du zu viel Geld hast, dann bitte schön, warum hast du es dann noch nicht vorher gemacht?

Du brauchst keinen Peter Zwegat aus Berlin oder anderen Schuldnerberater, denn die sind alle überflüssig, viel zu teuer und nicht annähernd so gut wie du selbst.

Du wirst mich jetzt komplett für bekloppt erklären, aber ich werde es dir auf den nachfolgenden Seiten beweisen.

Schritt 1: Suche alle Unterlagen, Kreditverträge, Mahnungen, Vollstreckungsbescheide, ungeöffnete Briefe etc. zusammen. Danach besorgst Du Dir einen Ordner und lochst alle Schriftstücke, damit sie nachher abgeheftet werden können. Doch vorher werden die Briefe komplett sortiert, zuerst nach Gläubiger also Firma, Kreditgeber oder Versandhaus und dann nach Datum. Alle Briefe, die doppelt sind, wie 1., 2., 3.Mahnung kannst du vernichten, es reicht immer der aktuellste Brief.

Jetzt hör auf zu meckern oder zu nörgeln, du schaffst das und kannst auch die Mahnbescheide und die ungeöffneten Briefe bearbeiten. Willst du die Schulden los werden oder nicht?

Schritt 2: Schreibe alle Gläubiger und alle Summen auf eine Liste. Danach rechne alles zusammen um dir einen groben Überblick über deine Schulden zu verschaffen.

Schritt 3: Wie du fest stellen konntest sind die Rechtsanwälte oder Inkassobüros nicht gerade zimperlich mit Ihren Schreiben und Mahnungen. Du darfst dich aber davon nicht einschüchtern oder abschrecken lassen, denn jetzt musst du aktiv werden. Jetzt drehst du den Spieß um und schickst den Gläubigern selber „Drohbriefe". In dem „Drohbrief" geht es um das Motto: „Wollt ihr Geld oder nix?" Wenn ihr eine Privatinsolvenz machen könnt mit Nullplan, dann gehen die Gläubiger leer aus. Normaler Weise sind die froh, wenn Sie ein paar Unkosten decken können. Daher einen Vergleich vorschlagen in Raten von ca. 5 % der Gesamtsumme. Wenn du nicht die genauen Summen weißt, dann eine Forderungsaufstellung anfordern und nach einem fairen Vergleich fragen?

In der Regel kommt schnell Antwort, meist auch mit einem Antwortbogen, da soll man die Forderung nochmal anerkennen und bestätigen. Es ist hier ganz wichtig nur klare Forderungen zu unterschreiben, wenn etwas unklar ist einfach durchstreichen und kopieren. Auf jeden Fall nie etwas leichtfertig unterschreiben.

Macht es wie die katholische Kirche im Missbrauchsskandal oder wie unser Ex-Verteidigungsminister zu Guttenberg bei der Plagiats-Affäre, nur das zugeben, was man auf keinen Fall mehr leugnen kann.

Hier ist der Beweis, dass du alleine besser bist wie Peter Zwegat oder jeder andere Schuldnerberater. Denn die schreiben genauso wie du die Gläubiger an, sie unterliegen aber <u>alle einer Quote zwischen 25 % bis 30 % der Gesamtforderung</u> als Vergleichssumme. **Wenn du selber einen Vergleich vorschlägst unterliegst du keiner Quote und kannst daher richtig Geld sparen.**

Schau Dir bei Gelegenheit mal eine Folge: „Raus aus den Schulden" an. Viele Handlungen der RTL-Serie sind aus dramaturgischen Gründen inszeniert und daher auch übertrieben. Beispiel: Wenn man Schulden oder Pfändungen hat, verliert man nicht seinen Arbeitsplatz. Denn Schulden sind kein Kündigungsgrund und können durch Umzug, Arbeitsaufnahme oder Scheidung sehr schnell entstehen. Es wird hier ganz bewusst Angst vermittelt.

Peter Zwegat verfälscht das Bild eines normalen Schuldnerberaters in den folgenden Punkten:

- Ein guter Schuldnerberater benutzt nicht das Wort „Schulden", sondern lieber den Ausdruck „Verbindlichkeiten".
- Er hinterfragt auch keine konkreten persönlichen Hintergründe, wie Beziehung, Probleme usw.
- Es wird negativ und unrealistisch dargestellt.
- Ein normaler Schuldnerberater kommt auch nie zu dir nach Hause. Es gibt Schuldnerberatungsstellen in deiner Nähe

und du musst dort einen Termin machen und auch selber hingehen mit allen Unterlagen.

- Was sagt Peter Zwegat am Anfang der Sendung: „Ich habe ihr Trommeln bis nach Berlin gehört, hier bin ich" oder „Peter Zwegat aus Berlin, wo drückt der Schuh?"
- Das Tollste ist der Vorspann, wenn er über den grünen Rasen vor dem Reichstag in Berlin spaziert. Originalton: „Es geht ihm nicht um seinen Profit, wenn er hilft". Dies ist natürlich der größte Blödsinn, denn sein Honorar bekommt er von RTL bzw. von der TV-Produktionsfirma aus Köln überwiesen.

Es gibt aber noch ein weiteres Problem, denn wenn Schuldnerberater am Werk sind, benötigen Sie eine größere Summe um alle Gläubiger schnell zu bedienen. Doch dies ist ganz unnötig, denn auch ohne eine Summe Geld, kannst du geschlossene Vergleiche ganz bequem in Raten zahlen. Dies macht unser Herr Zwegat auch als erstes. Er versucht Eltern, Familienmitglieder und Freunde mit ins Boot zu holen damit eine größere Summe zusammen kommt.

Dieser Geldbetrag ist seine „Kriegskasse" um Geld auf mehrere Gläubiger zu verteilen. Hier liegt seine Quote wie schon besprochen bei 25 bis 30 %. Wie man sieht geben die Familien viel zu viel Geld aus, um die Schulden zu tilgen. Im Film wird auch kaum erwähnt, dass der Schuldner die Gelder aus der Kriegskasse, also ein neuer und privater Kredit, zurückzahlen muss. Dies ist zwar günstiger wie bei einer anderen Bank, aber es trotzdem viel Geld.

Beispiel		Forderung	Eig. Vergleich	%	Zwegat
Kredit	Citibank	83.361,57€	2.500 €	3	25.000 €
Kredit	Deutsche Bank	18.722,37€	3.000 €	16	5.600 €
			5.500 €		30.600 €

In vorgenannter Angelegenheit nehmen wir Bezug auf Ihren Anruf vom 13.2.2008.

Die Gesamtforderung beträgt zur Zeit **18.722,37 €**. Wir bestätigen Ihnen hiermit, dass wir uns mit einer Forderungsfestschreibung in Höhe von **3.000,00 €** einverstanden erklären. Von einer weiteren Verzinsung nehmen wir Abstand. Dieser Betrag wird wie folgt abgetragen:

125 Raten je 24,00 € zahlbar jeweils zum 15. eines jeden Monats.

Die erste Rate ist zum 15.3.2008 fällig.

Nach fristgerechtem vollständigen Erhalt der oben genannten Forderungssumme werden wir Sie aus der Haftung des Kreditvertrages vom 7.12.1998 der Deutsche Bank Privat- und Geschäftskunden AG Nr.   entlassen.

Es erfolgt sodann umgehend die Erteilung unseres Erledigungsschreibens zum Zwecke der Erledigungsmeldung bei der Schufa.

Sollten Sie jedoch mit einer Zahlung ganz oder teilweise länger als **7 Tage** in Rückstand geraten, wird die mit Ihnen getroffene Vereinbarung hinfällig und die Gesamtforderung abzüglich der geleisteten Zahlungen lebt wieder auf.

Die Verwertung von Sicherheiten oder die Zahlung pfändbarer Beträge durch Dritte werden nicht auf die Vergleichssumme angerechnet. Ratenzahlungen sind bis zur Vergleichszahlung pünktlich zu erbringen. Dadurch kann sich der Forderungsnachlass entsprechend verringern.

Wie man sieht, satte 25.100 € zusätzlich gespart durch Eigeninitiative.

<u>Wichtiger Tipp:</u> Wenn man einmal einen super Vergleich ausgehandelt hat, <u>nie mit den Raten in Rückstand</u> geraten. Denn sonst waren die ganzen Bemühungen vergebens.

Bei den Ratenvereinbarungen auch clevere Zahlungstermine vorschlagen bzw. aushandeln. Wenn dein Geld immer am letzten des Monats kommt, dann wähle als Termin den 5. oder 10. eines Monats. Dann kannst du ganz in Ruhe am ersten des Monats überweisen und die Rate kommt selbst bei einer Überweisungsdauer von 3

Banktagen immer rechtzeitig an. Damit hinterlässt du einen vertrauenswürdigen Eindruck und deinen festen Willen die Forderung zu begleichen.

Es besteht durchaus eine Möglichkeit sich mit allen Gläubigern zu einigen, man muss Ihnen nur klar machen, entweder ein bisschen Geld oder Garnichts. Bei diesem „verlockenden" Angebot gibt es eigentlich doch nur eine richtige Antwort. Jeder Gläubiger ist froh, wenn er ohne Kampf wenigstens die Kosten decken kann. Er wird einem fairen Vergleich zustimmen, denn er weiß bei einer Privat-Insolvenz mit Nullplan bekommt er nichts. Auch bei Hartz IV-Beziehern oder Geringverdienern ist nichts zu pfänden oder zu bekommen.

Jetzt ist deine weise Entscheidung gefragt. Bitte wähle nur eine Rate, die du auf Dauer auch wirklich realisieren kannst. Wenn du mit deinem Gesamteinkommen unter der Pfändungsfreigrenze liegst, dann mache dies auch deinen Gläubigern klar!

Damit hast du dann ganz leichtes Spiel, denn sie wollen wenigstens etwas Geld bekommen und nicht leer ausgehen.

Tipp: Schreibe jeden Brief mit der Hand

Damit kannst du den Eindruck deiner „Armut" unterstreichen. Wenn du die Briefe per Computer schreibst, könnte etwas zum pfänden im Haus sein oder du hast einen Bürojob? Die kommen dann auf die tollsten Ideen, also so wenig „Angriffsmaterial" liefern wie möglich. Auch auf die Angabe des Arbeitgebers, Namen der Kinder oder die Bedarfsgemeinschaftsnummer sollte besser kein Gläubiger wissen.

Wenn du nur eine Handvoll Gläubiger hast, dann kannst du einen privaten Konkurs machen, besser bekannt unter Privatinsolvenz oder Verbraucherinsolvenzverfahren. Um dieses Verfahren anzuwenden darfst du nur weniger wie 20 Gläubiger haben. Also wie schon besprochen erst mal alle Unterlagen zusammenstellen und dann weist du genau wie vielen Leuten/Firmen du Geld schuldest.

Das Verfahren der Verbraucherinsolvenz oder Privatinsolvenz durchläuft insgesamt vier Ebenen oder Phasen, die sich klar trennen lassen in außergerichtliche Teile und gerichtliche Teile.

Als erstes benötigt man eine Zusammenfassung aller Kredite und Verbindlichkeiten, ein sogenannter Schuldenbereinigungsplan. Diesen Plan kann man auch benutzen, wenn man sich komplett nur außergerichtlich mit den vorhandenen Gläubigern einigen möchte. Als erstes musst du die Vergleichsquote ermitteln, also das Geld was du insgesamt zurückzahlen kannst. Dabei ist es egal ob in einer Summe oder in monatlichen, pünktlichen Ratenzahlungen.

Du brauchst nur die komplette Summe deiner Schulden und kannst damit eine Vergleichsquote ganz leicht errechnen. Welche Summe kannst du in den nächsten sechs Jahren zurückzahlen? Welche Kriegskasse kannst du anlegen, oder wie viel kannst du monatlich überhaupt an Raten zahlen? Bitte bedenke, dass du auch als Hartz IV-Bezieher oder als Geringverdiener, zwar unter der Pfändungsgrenze liegst aber monatliche Raten sind immer möglich.

Nehmen wir mal an, du hast 40.000 € und könntest bis zu 5.000 € davon zurückzahlen, dann berechne die Vergleichsquote wie folgt:

5.000 x 100 : 40.000 = 12,5 %

Wenn du diese 5.000 € innerhalb von 6 Jahren in 72 Raten abbezahlst, dann beträgt die monatliche Rate 69,50 €. Das ist dann auch direkt die Summe, die du den Gläubigern anbieten kannst.

Wenn man sich bei seinen Schulden/Verbindlichkeiten mit den Gläubigern einigen will, besteht hier auch viel Handlungsfreiraum. Also immer gering rechnen, damit du die Summen auch langfristig bezahlen kannst. Dies ist immer besser, als wenn du hoch angibst und dies dann doch nicht klappt, denn dann musst du ganz schnell nachbessern.

Hier als Vorlage ein Muster für einen Schuldenbereinigungs-Plan:

Muster Schuldenbereinigungsplan

Gläubiger	Forderung	Quote	Vergleich
1	3.378,98 €	12,5	422,37 €
2	6.122,00 €	12,5	765,25 €
3	2.255,00 €	12,5	281,88 €
4	12.790,00 €	12,5	1.598,75 €
5	7.928,00 €	12,5	991,00 €
6	4.880,00 €	12,5	610,00 €
7	2.646,02 €	12,5	330,75 €
Gesamt:	40.000,00 €	12,5	5.000,00 €

Sollten sich Gläubiger auf keine Einigung mit dir einlassen, dann ist diese Phase erfolglos gescheitert. Dies ist meistens sehr dumm von den Gläubigern, denn wenn es zur Privatinsolvenzverfahren über das Gericht kommt, entstehen neue Kosten durch das Gericht, die auch im Schuldenbereinigungsplan abgedeckt werden müssen.

Dies bedeutet, dass das Gericht sozusagen als Gläubiger hinzukommt und alle Gläubiger automatisch noch weniger Geld bekommen. Hierbei spielt natürlich auch die Anzahl der Gläubiger eine große Rolle. Wenn du nur drei Gläubiger hast, bekommt jeder mehr, als wenn du 13 Gläubiger hast. Besonders wichtig ist es das zum Zeitpunkt der Antragstellung auf Verbraucherinsolvenz nicht mehr als 20 Gläubiger vorhanden sind. Denn nur bis zu dieser maximalen Anzahl, gelten die Vermögensverhältnisse nach § 304 InsO als überschaubar. Die Privatinsolvenz dient der Verwertung des Vermögens, die sogenannte Masse eines Schuldners um seine Gläubiger zu befriedigen. Wie im Beispiel zusehen wird der Erlös der Masse dann auf die jeweiligen Gläubiger mit der Quote aufgeteilt. Ein gerichtliches Insolvenzverfahren dauert mindestens sechs Jahre und endet mit Abschluss der sogenannten Wohlverhaltsperiode.

Wenn du dich entscheidest eine Privatinsolvenz bei Gericht zu beantragen, dann kommt es auch auf die Vollständigkeit und Transparenz der Unterlagen an. Du solltest deine Unterlagen nach besten Wissen und Gewissen erstellen, dazu frage wie schon besprochen, bei jedem Gläubiger die genaue Höhe der Forderungen ab. In diesem Fall ist es auch wichtig, dass du dich zusätzlich von einem Schuldnerberater oder Rechtsanwalt beraten lässt. Jetzt wirst du sagen: „Ich bin doch alleine besser, warum brauche ich jetzt einen Schuldnerberater?" Dies ist komplett richtig, denn du selber brauchst keinen Berater, aber das Insolvenzgericht fordert dies. Wenn zum Beispiel der Plan zur außergerichtlichen Einigung scheitert, brauchst du eine rechtskräftige Bescheinigung warum, und durch wen der Plan gescheitert ist. Diese Bescheinigungen kann ein Rechtsanwalt, Notar, Steuerberater oder Schuldnerberater ausstellen. Und wenn du einmal bei einem der geeigneten Personen warst, dann helfen die dir auch mit dem Antrag und weiteren Vorgehensweisen.

Auch hierbei musst und kannst du Geld sparen. Denn ein Rechtsanwalt wird auf jeden Fall bedeutend teurer sein, wie eine Schuldnerberatung.

Bezieher von ALG II erhalten von ihrem zuständigen JobCenter einen Gutschein für Vermittlung gem. § 16 Abs. 2 S.2 SGB II an eine Schuldnerberatungsstelle. Als Geringverdiener hast du unter Umständen sogar einen Anspruch auf Übernahme der Kosten durch das Amt oder Referat Soziales, Familie etc. in deiner Stadt.

Damit ist dann auch die 1.Phase der Privatinsolvenz, der Plan zur außergerichtlichen Einigung abgeschlossen.

Kommen wir nun zur 2. Phase bei der Privatinsolvenz, dies ist der gerichtliche Schuldenbereinigungsplan.

Zusammen mit dem Antrag auf Privatinsolvenz ist ein Schuldenbereinigungsplan abzugeben. Aus diesem Plan geht hervor, wie du dir die Einigung mit deinen Gläubigern über die Begleichung der restlichen Forderungen vorstellst. Jetzt geht es endlich richtig los, denn die ganzen Unterlagen liegen jetzt bei Gericht und die Zeit tickt. Natürlich musste vorher der ganze Antrag komplett ausgefüllt werden und mit allen geforderten Unterlagen komplettiert werden. Auf den nächsten zwei Seiten sind eine Inhaltsübersicht und die erste Seite des Insolvenzantrages abgedruckt.

Bei der Durchsicht des Inhaltsverzeichnisses bekommst du erst mal ein Gespür dafür, welche Unterlagen gefordert werden und welchen Umfang die ganze Aktion einnimmt.

Vordrucke für das Verbraucherinsolvenzverfahren und das Restschuldbefreiungsverfahren

- Amtliche Fassung 3/2002 -

Inhaltsübersicht

1

	Vorname und Name
Antrag auf Eröffnung des Insolvenzverfahrens (§ 305 InsO) des / der	Straße und Hausnummer
	Postleitzahl und Ort
	Telefon tagsüber
	Verfahrensbevollmächtigte(r)

2

An das Amtsgericht
– Insolvenzgericht –

in _____

3

**I.
Eröffnungsantrag**

Ich stelle den **Antrag, über mein Vermögen das Insolvenzverfahren zu eröffnen.** Nach meinen Vermögens- und Einkommensverhältnissen bin ich nicht in der Lage, meine bestehenden Zahlungspflichten, die bereits fällig sind oder in absehbarer Zeit fällig werden, zu erfüllen.

4

**II.
Restschuld-
befreiungsantrag**

☐ Ich stelle den **Antrag auf Restschuldbefreiung** (§ 287 InsO).

☐ Restschuldbefreiung wird
nicht beantragt.

5

**III.
Anlagen**

Personalbogen	(Anlage 1)	☒
Bescheinigung über das Scheitern des außergerichtlichen Einigungsversuchs mit außergerichtlichem Plan	(Anlage 2)	☒
Gründe für das Scheitern des außergerichtlichen Plans	(Anlage 2 A)	☒
Abtretungserklärung nach § 287 Abs. 2 InsO	(Anlage 3)	☐
Erklärung zur Abkürzung der Wohlverhaltensperiode	(Anlage 3 A)	☐
Vermögensübersicht	(Anlage 4)	☒
Vermögensverzeichnis mit den darin genannten Ergänzungsblättern	(Anlage 5)	☒
Gläubiger- und Forderungsverzeichnis	(Anlage 6)	☒
Schuldenbereinigungsplan für das gerichtliche Verfahren:		
Allgemeiner Teil	(Anlage 7)	☒
Besonderer Teil – Musterplan mit Einmalzahlung/festen Raten	(Anlage 7 A)	☐
oder Besonderer Teil – Musterplan mit flexiblen Raten	(Anlage 7 A)	☐
oder Besonderer Teil – Plan mit sonstigem Inhalt	(Anlage 7 A)	☐
Besonderer Teil – Ergänzende Regelungen	(Anlage 7 B)	☒
Erläuterungen zur vorgeschlagenen Schuldenbereinigung	(Anlage 7 C)	☐
Sonstige: _____		☐

6

**IV.
Auskunfts- und
Mitwirkungs-
pflichten**

Als Schuldner bin ich gesetzlich verpflichtet, dem Insolvenzgericht über alle das Verfahren betreffenden Verhältnisse vollständig und wahrheitsgemäß Auskunft zu erteilen, insbesondere auch jede Auskunft, die zur Entscheidung über meine Anträge erforderlich ist (§§ 20, 97 InsO).

Können solche Auskünfte durch Dritte, insbesondere durch Banken und Sparkassen, sonstige Kreditinstitute, Versicherungsgesellschaften, Sozial- und Finanzbehörden, Sozialversicherungsträger, Rechtsanwälte, Notare, Steuerberater und Wirtschaftsprüfer erteilt werden, so obliegt es mir, auf Verlangen des Gerichts alle Personen und Stellen, die Auskunft über meine Vermögensverhältnisse geben können, von ihrer Pflicht zur Verschwiegenheit zu befreien.

7

_____   _____
(Ort, Datum)   (Unterschrift)

Jetzt startet die 3.Phase der Privatinsolvenz, die Eröffnung des Verbraucherinsolvenzverfahren. Wenn auch das Verfahren des gerichtlichen Schuldenbereinigungsplan scheitert, dann wird das vereinfachte Insolvenzverfahren, also das Privat Insolvenzverfahren eröffnet

Der Antrag des Verbraucherinsolvenzverfahren ist beim Insolvenzgericht in schriftlicher Form einzureichen. Damit es schneller geht, kannst du sämtliche benötigte Unterlagen (Verzeichnisse, Erklärungen, Plan über die außergerichtliche Einigung usw.) bei Gericht als Vordrucke anfordern. Dies ist für beide Seiten übersichtlicher und schneller auszufüllen und zu bearbeiten.

Zum Zwecke des Privatinsolvenzverfahrens wird ein Treuhänder eingesetzt, der jetzt das pfändbare Vermögen des Schuldners verwaltet. Ab diesem Zeitpunkt wird das gesamte pfändbare Vermögen anhand einer Quote an die Gläubiger ausgegeben. Vom Vermögen sind die Verfahrenskosten des Verbraucherinsolvenzverfahrens abzuziehen. Also werden zu deiner Schuldensumme die Gerichtsumme zuaddiert und ergeben deine Gesamt-Kreditsumme. Diese Gerichtskosten musst du auf jeden Fall bezahlen. Dadurch hast du eigentlich neue Schulden gemacht die du dann vorrangig direkt an die Gerichtskasse abzahlst.

Den Abschluss bildet die 4.Phase der Privatinsolvenz, die sogenannte Restschuldbefreiung und Wohlverhaltensperiode.

Das Ziel und der Sinn einer Privatinsolvenz sind, nach Abschluss des Verfahrens die Restschuldbefreiung zu erlangen. Hierzu wird dem Schuldner Gelegenheit gegeben, im Rahmen des Restschuldbefreiungsverfahrens, einer sechsjährigen Wohlverhaltensperiode, sein Möglichstes zu tun, um die Gläubiger zu befriedigen. Unter „Möglichstes" ist zu verstehen, dass der Schuldner während der Wohlverhaltensphase den gesamten Teil seines pfändbaren Einkommens sowie die Hälfte eines zufallenden Erbteils an den Treuhänder übergibt, der diese Beträge anhand einer festen Quote aus der Insolvenztabelle anschließend an die Gläubiger ausschüttet. Jeder Gläubiger bekommt die Quote über seine Forderungen automatisch mitgeteilt.

Bestehen nun nach Abschluss des Privatinsolvenzverfahrens noch offene Forderungen gegen den Schuldner, so kann sich dieser auf Antrag im Rahmen des Restschuldbefreiungsverfahrens lösen. Der Antrag ist beim Insolvenzgericht zu stellen.

Liegen Gründe nach § 290 InsO vor, so können die Gläubiger einen Antrag auf Restschuldbefreiung versagen.

Gründe zur Versagung der Restschuldbefreiung nach § 290 InsO können sein:

- Falsche Angaben über eigene Verhältnisse, zur Erschleichung von Leistungen (z.B. Kredite)
- Verletzung der Mitteilungspflichten
- Eine rechtskräftige Verurteilung aufgrund einer Insolvenzstraftat
- Verschwenderisches Umgehen mit dem eigenen Vermögen, Aufbau unnötiger Schulden
- Versagung oder Vorliegen einer Restschuldbefreiung innerhalb der letzten zehn Jahre

Der Schuldner muss, zur Erlangung der Restschuldbefreiung, während der Wohlverhaltensperiode weitere Auflagen erfüllen:

- Zahlungen dürfen nur an den vom Gericht bestimmten Treuhänder erfolgen, um keine Gläubiger zu bevorzugen
- Der Schuldner muss einer angemessenen Erwerbstätigkeit nachgehen, liegt Arbeitslosigkeit vor, so darf eine zumutbare Tätigkeit nicht abgelehnt werden
- Mitteilungspflicht über Arbeits- oder Wohnsitzwechsel

Sofern die Restschuldbefreiung erfolgreich durchgeführt wird, wandeln sich alle im Rahmen des Privatinsolvenzverfahrens noch offene Forderungen in unvollkommene Verbindlichkeiten um. Dies bedeutet, dass diese vom Schuldner noch abgetragen werden können, der Gläubiger aber keinen Rechtsanspruch darauf hat. Die Forderungen werden für den Gläubiger uneinbringlich.

Weitere Kosten wie Geldstrafen, Forderungen aus zinslos gewährten Darlehen zur Begleichung der Verfahrenskosten sowie Forderungen aus vorsätzlich unerlaubten Handlungen, müssen komplett bezahlt werden denn dort greift die Restschuldbefreiung nicht!

Lohnt sich „arbeiten gehen" überhaupt noch ?

Quelle: WAZ 16.Januar 2012

NRW zahlt pro Jahr 488 Millionen an Aufstocker.

NRW-Arbeitsminister Guntram Schneider (SPD) wehrt sich gegen Milliarden-Zuschüsse für Niedriglöhne durch den Staat. Laut Schneider wurden Niedriglöhne von Vollzeitbeschäftigten 2010 in NRW mit 488 Millionen Euro vom Staat bezuschusst, um das Existenzminimum zu sichern. Verdienst unter 6,50 € Stundenlohn

Nach einer DGB-Studie verdient die Hälfte aller erwerbstätigen „Aufstocker" nicht mehr als 6,50 € pro Stunde, jeder vierte **unter fünf Euro.** Demnach muss der Bund über Hartz IV jährlich etwa vier Milliarden Euro für „Aufstocker" mit sozialversicherten Teil- und Vollzeitjobs zahlen.

Einkommensgruppen von 700 € bis 1.200 € haben ca. 22 % weniger in der Tasche wie vor 10 Jahren im Jahre 2001. Manchmal sind es dadurch bis 100 € weniger.

Lohnt sich Arbeit in Deutschland überhaupt noch?

Das Foto auf der nächsten Seite zeigt die antiquierte Lohnsteuerkarte in der jeweils anderen bunten Jahresfarbe. Im Jahre 2010 sprach man von der angeblich letzten Papp-Karte. Denn im Jahre 2011 sollte die „Elektronische Lohnsteuerkarte" eingeführt worden sein. Dieser Start wurde dann nochmals verschoben auf Januar 2012 und nochmals auf April 2012. Nach dieser langen Pannenserie wurde jetzt der Start sogar auf Januar 2013 verschoben. Dies ist doch ein Armutszeugnis bei so vielen Computer-Spezialisten. Auf jeden Fall ist die alte „Pappe" von 2010 bis heute immer noch gültig. Auch wenn sich jetzt Änderungen z.B. durch Heirat oder Kindernachwuchs ergeben, wird dies ganz schwierig zu ändern.

Lohnsteuerkarte 2010
Alle Eintragungen in der Lohnsteuerkarte genau prüfen!
50768213395

ERSATZ -
Lohnsteuerkarte 2009
Alle Eintragungen in der Lohnsteuerkarte genau prüfen!
50768213395

Lohnsteuerkarte 2007
Alle Eintragungen in der Lohnsteuerkarte genau prüfen!

Lohnsteuerkarte 2006
Alle Eintragungen in der Lohnsteuerkarte genau prüfen!

Lohnsteuerkarte 2005
Alle Eintragungen in der Lohnsteuerkarte genau prüfen!

Lohnsteuerkarte 2004
Alle Eintragungen in der Lohnsteuerkarte genau prüfen!
Lesen Sie die Informationsschrift „Lohnsteuer 2004"

Lohnsteuerkarte 2003
Alle Eintragungen in der Lohnsteuerkarte genau prüfen!
Lesen Sie die Informationsschrift „Lohnsteuer 2003"

Lohnsteuerkarte 2002
Alle Eintragungen in der Lohnsteuerkarte genau prüfen!
Lesen Sie die Informationsschrift „Lohnsteuer 2002"
Gemeinde   45121 Essen   AGS   05 113 000

Lohnsteuerkarte 2001
Alle Eintragungen in der Lohnsteuerkarte genau prüfen!
Lesen Sie die Informationsschrift „Lohnsteuer 2001"
Gemeinde   45121 Essen   AGS   05 113 000

Mit dem Einkommen von Hartz IV liegt man laut dem Paritätischen Wohlfahrtsverband teilweise über dem Existenzminimum. Dabei kommt es aber auf ganz bestimmte Konstellationen und Anzahl der Personen innerhalb der Bedarfsgemeinschaft.

Arbeit lohnt sich erst, wenn die ganzen Parasiten und Ausbeuter wie Zeitarbeitsfirmen und Lohndumpingfirmen per Gesetz abgeschafft werden. Diese werben gerne damit, dass sie ein Job-Motor sind, dies ist natürlich völliger Blödsinn. Es kann nicht sein, dass jemand an der Arbeit eines anderen verdient. Es ist ein Unding arbeiten zu gehen und dann, weil es einfach nicht reicht, mit Hartz IV aufzustocken. Wenn jemand sozialversichert „beschäftigt" ist, soll er auch bedeutend mehr Geld verdienen, wie ein Hartz IV-Bezieher. Damit steht er auch nicht auf der gleichen Stufe der Einkommensschicht. Es muss vom Brutto mehr über bleiben für den Arbeitnehmer. Dieses Thema hat die Bundesregierung mal wieder vertagt.

Daher wird hier mal offen und ehrlich gerechnet.

Beispiel: Familie mit 2 Kindern (1 Kind / 1 Jugendlicher)

Erwachsener 1 (Hartz IV)	337,00 €
Erwachsener 2 (Hartz IV)	337,00 €
Unter 14 Jahre (Hartz IV)	67,00 €
Unter 14 Jahre (Kindergeld)	184,00 €
Über 14 Jahre (Hartz IV)	103,00 €
Über 14 Jahre (Kindergeld)	184,00 €
Bildungspaket	20,00 €
Miete (maximal/NRW)	721,35 €
GEZ-Befreiung/Ersparnis	17,98 €

Summe: Regelleistung Monat	1.971,33 €

Schulbedarf August	140,00 €
Schulbedarf Februar	60,00 €
Bewerbungskosten Erw.1	260,00 €
Bewerbungskosten Erw.2	260,00 €

Summe: Zusatzbedarf im Jahr	720,00 €

Zusatzbedarf umgerechnet auf Monat	60,00 €

Regelleistung+Zusatzbedarf Monat	2.031,33 €

BRUTTOGEHALT PRO MONAT IN EURO

BERUF	WEST Mann	WEST Frau	OST Mann	OST Frau
Altenpflegehelfer/in	2251	2121	1674	1577
Anästh.-Schwester/Pfleger	2563	2476	2448	2366
Architekt/in	3264	3089	2896	2741
Arzt/Ärztin	4045	3627	3465	3107
Arzthelfer/in	2002	2002	1548	1548
Auslieferungsfahrer/in	1848	1848	1454	1454
Bäcker/in	1691	1430	1528	1292
Bäckereifachverkäufer/in	1523	1523	1516	1516
Baggerführer/in	2464	2464	1949	1949
Bankkaufmann/frau	2814	2473	2557	2247
Bauingenieur/in	3466	3111	2780	2495
Bergbau-Ingenieur/in	3981	3981	3464	3464
Briefzusteller/in	1804	1930	1804	1930
Buchhalter/in	2829	2452	2198	1906
Buchprüfer/in	3454	3221	2958	2758
Bürokaufmann/frau	2320	2098	1873	1693
Busfahrer/in (ÖPNV)	1993	1763	1772	1568
Callcenteragent/in	1996	1820	1592	1451
Chemiker/in	4413	3875	3655	3209
Chem.-techn. Assistent/in	2623	2342	2411	2154
Dachdecker/in	2292	2292	1854	1854
Datenerfasser/in	2063	2097	1606	1632
Diplomkaufmann/frau	3849	3379	3241	2846
Diplomvolkswirt/in	3819	3513	3697	3400
Disponent/in	2552	2379	2043	1905
Dreher/in, Fräser/in	2489	2489	1735	1735
Drucker/in	2765	2765	1929	1929
Einkäufer/in	2674	2411	2165	1952
Einzelhandelskfm./frau	2048	1911	1968	1837
Elektroinstallateur/in	2388	2388	1772	1772
Elektromechaniker/in	2411	2248	1851	1726
Elektromonteur/in	2461	2461	1787	1787
Elektrotechniker/in	2950	2950	2337	2337
Erzieher/in	2392	2243	2095	1964
Fahrer/in	2156	2098	1774	1726
Feinmechaniker/in	2290	2290	1593	1593
Filialleiter/in	2024	1663	1819	1492
Fleischer/in	1943	1943	1387	1387
Fußboden-/Fliesenleger/in	2158	2158	1656	1656
Friseur/in	1556	1556	1556	1556
Gabelstaplerfahrer/in	1793	1696	1473	1410
Gas-/Wasserinstallateur/in	2153	2153	1418	1418
Gebäudereiniger/in	1957	2030	2030	2030
Grafikdesigner/in	2844	2663	2017	1889
Großhandelskaufmann/frau	2342	2104	1978	1776
Industriekaufmann/frau	2709	2412	2273	2024
Industriemechaniker	2421	2421	1756	1756
Informatiker/in	3855	3368	3090	2699
IT-Berater/in	3618	3326	3139	2885
Journalist/in	4237	3390	4237	3390
Jurist/in	4211	3907	3745	3474
Kassierer/in im Einzelhandel	1700	1700	1621	1621

BERUF	WEST Mann	WEST Frau	OST Mann	OST Frau
Kellner/in, Servierer/in	1690	1585	1530	1435
Kfz-Mechaniker/in	2241	2241	1602	1602
Koch/Köchin	1943	1768	1573	1430
Krankenpflegehelfer/in	1875	1834	1718	1680
Krankenschwester/pfleger	2350	2240	1942	1850
Kreditsachbearbeiter/in	2917	2610	2755	2465
Lagerarbeiter/in	1892	1670	1506	1329
Landschaftsgärtner/in	2181	2096	1685	1619
Maler/Tapezierer	2185	2185	1804	1804
Marketingassistent/in	2734	2630	2481	2388
Mathematiker/in	4397	4146	3438	3242
Maurer/in	2259	2259	1761	1761
Mechatroniker/in	2506	2506	1804	1804
Mediengestalter/in	2717	2559	2068	1947
Med.-techn. Assistent/in	2151	2272	1821	1924
Metallarbeiter/in	2237	1933	1776	1534
Personalsachbearbeiter/in	2649	2429	2142	1963
Physiotherapeut/in	2491	2259	1971	1788
Programmierer/in	3315	3099	2876	2688
Psychologe/-in	3655	3257	3122	2782
Rangierer/in	1934	1818	1819	1709
Rechtsanwaltsgehilfe	2511	2468	1834	1802
Redakteur/in	3472	3028	3168	2763
Reisebürokaufmann/frau	2154	1936	1874	1663
Schlosser/in	2341	2341	2006	2006
Sekretär/in	2436	2436	1971	1971
Sozialarbeiter/in	2847	2566	2355	2123
Softwareingenieur/in	3818	3528	3293	3043
Speditionsangestellter	2375	2135	1831	1403
Stahlbauschlosser/in	1937	1937	1403	1403
Steuerberater/in	3566	3456	3256	3090
Steuerfachangestellte/r	2644	2551	2076	2003
Straßen-/Tiefbauer/in	2323	2323	1890	1890
Technische/r Zeichner/in	2389	2266	1805	1712
Tischler/in	2227	2227	1628	1628
Verkäufer/in	1934	1773	1717	1574
Vermögensberater/in	3244	2957	3244	2957
Versicherungskaufmann/frau	3055	2651	2736	2373
Verwaltungsangestellter	2549	2216	2305	2004
Wachmann/frau	1719	1719	1706	1707
Werbegestalter/in	2447	2545	1941	2019
Werkschutzfachmann/frau	1729	1843	1412	1506
Werkzeugmacher	2426	2426	1768	1768
Werkzeugmasch.-Einrichter	2273	2273	1725	1725
Wirtschaftsingenieur/in	3802	3388	3119	2780
Zahntechniker/in	2723	2462	2178	1969
Zentralheizungsinstallateur	2334	2334	1643	1643
Zimmermann	2380	2380	1939	1939

Quelle: Hans-Böckler-Stiftung (www.lohnspiegel.de), Annahmen: Vollbeschäftigte mit 10 J. Berufserf., 38-Std.-Woche, mittelgr. Betriebe, keine Leitungsfunktion, ohne Urlaubsgeld/Zuschläge/Leistungszulagen/Provisionen. Bei geringen Fallzahlen z. T. keine Lohnunterschiede darstellbar.

Aus der abgedruckten Bruttogehalts-Tabelle kannst du die verschiedenen Bruttoverdienste der Berufe, für Mann und Frau, außerdem für West und Ost ablesen. Dabei kommen nur 4 Berufe über die 4000 € - Brutto Verdienstgrenze, dies sind Chemiker, Jurist, Journalist und Mathematiker. Der durchschnittliche Bruttoverdienst lag 2011 laut der Statistik bei genau 3.264,00 €. Das Ergebnis der Statistik ist aber verfälscht, denn viele Arbeitnehmer verdienen wenig und wenig Arbeitnehmer verdienen viel. Wenn ein Vorstandvorsitzender im Monat schon alleine 40.000 € verdient, dann verdienen die untersten 29 Mitarbeiter je 1997,24 €. Im Durchschnitt sind dies laut der tollen Statistik für jeden der 30 Mitarbeiter 3.264,00 € monatlich. Ich habe daher mal aus der Bruttogehalts-Tabelle die Rubrik Mann/West genommen. Diese Rubrik enthält die höchsten Summen des Vergleiches. Ich habe dann die Summe aller 100 Berufs-Bruttolöhne ermittelt und daraus den Durchschnitt gebildet. Dort kommt man auf einen Durchschnitts-Bruttolohn von 2.584,38 €. Wenn wir diese Summe mit Steuerklasse III und 2 Kinder mal durch die Gehaltsabrechnung jagen, bekommen wir folgendes Ergebnis:

Ergebnis	Euro
Lohn (Brutto):	2.584,38
Lohnsteuer:	148,66
Solidaritätszuschlag:	0,00
Kirchensteuer:	0,00
Steuern gesamt:	148,66
Lohn (nach Steuer):	2.435,72
Rentenversicherung:	257,15
Arbeitslosenversicherung:	38,77
Krankenversicherung:	211,92
Pflegeversicherung:	31,66
Sozialversicherung gesamt:	539,50
Lohn (Netto):	1.896,23

Also gehen erst mal fast 690 € für Steuern und Sozialversicherungen drauf. Jetzt müssen wir zum Nettolohn von 1.896,23 € natürlich noch das Kindergeld(2 x 184€) für beide Kinder zu addieren. Dann beträgt das Monatseinkommen 2.264,23 € netto.

Wenn wir jetzt mal auf das Beispiel der Hartz IV-Familie schauen, verdient der Durchschnitt der Arbeitnehmer aus den 100 Berufs-Bruttolöhnen nur 232,90 € mehr als Arbeitslose. Zum einen kommen viele Bruttogehälter aus der Brutto-Gehaltsliste erst gar nicht an die 2.584 € Brutto ran, auch die Fahrtkosten sind nicht mit berücksichtigt.

Zum anderen können die Arbeitslosen ganz schnell aufholen mit 2 Möglichkeiten: Einer der beiden Erwachsenen macht einen 1,50 € Aktiv-Job über das Jobcenter und kann bis zu 270 € im Monat zusätzlich ohne Abzug verdienen. Oder beide Eltern gehen jeder nur ein paar Stunden monatlich arbeiten. Es reicht, wenn einer bis 100 € verdient und der andere 265 € im Monat. Es sind jeweils die ersten 100 € anrechnungsfrei und dann bleiben noch 20 % von den restlichen 165 €, also 33 € über. Mit einem kleinen Aufwand von nur ca. 52 Arbeitsstunden von 2 Minijobbern, kann man jetzt die Marke des durchschnittlichen Bruttoverdienstes knacken.

Diese Zahlen gelten nur als Rechenbeispiele um zu beweisen, dass sich Arbeit in Deutschland nicht lohnt!

Auch aus einem anderen Grund lohnt sich „arbeiten gehen" nicht, denn wenn man jahrelang malocht hat, bleibt auch nicht mehr über. Hier kommen wir zu dem Begriff „Altersarmut". Von arm im Alter spricht man, wenn Rentner ihren Lebensunterhalt nicht mit der gesetzlichen Rente und eventuelle Leistungen einer privaten Altersvorsorge decken können. Denn mit der Rentenreform aus dem Jahre 2001 wurde das Rentenniveau bis zum Jahr 2030 erheblich abgestuft. Diese Maßnahmen des Gesetzgebers führen dazu, dass künftig ein Durchschnittsverdiener **rund 37 Jahre** in die gesetzliche Rentenversicherung eingezahlt haben muss. Erst dann **bekommt er eine Rente von 780 € pro Monat**, die ganz knapp über der Armutsgrenze liegt. Wenn man dann bedenkt, dass es seit dem 01.Januar 2003 in Deutschland eine <u>Grundsicherung im Alter</u> gibt, die für die Sicherstellung des notwendigen Lebensunterhaltes sorgt. Denn es soll auch hier der Altersarmut vorgebeugt werden. Die Leistungen liegen ähnlich wie das Hartz-IV Niveau. Die Leistungen richten sich nach § 42 SGB XII und entsprechen denen der Hilfe zum Lebensunterhalt in der Sozialhilfe. Der Regelsatz beträgt **seit 01.Janaur 2012 für Alleinstehende 374 €** und für Haushaltsangehörige 262 €. Hinzu kommen hier Mehrbedarfe z.B. bei Gehbehinderung oder notwendiger Krankenkost. Die Leistungen für Unterkunft und Heizung entsprechen den tatsächlichen Kosten gemäß § 29 SGB XII. Es können auch Darlehen beantragt werden und der Antrag braucht nur 1-mal im Jahr gestellt zu werden. Denn die Grundsicherung im Alter wird direkt für 12 Monate bewilligt und nicht wie bei Hartz IV nur für 6 Monate. Als Single wird eine Wohnung bis 50 m² Größe und angemessener Miete und Nebenkosten voll übernommen.

Als Richtwert ist für die Kaltmiete 4,30 € pro m² vorgesehen. Die Betriebs- und Heizkostenvorauszahlungen liegen bei 2,20 € pro m² (1,40 € Heizkosten und 0,80 € Betriebskosten). Wenn wir jetzt alle

Summen mit der Wohnungsgröße 50 multiplizieren, dann werden **325 €** Warm-Mietkosten übernommen. Wenn wir jetzt die **374 €** Regelleistung hinzurechnen, dann sind wir bis auf einen Euro genau bei **700 €** monatlich. An dieser Stelle, wie schon beschrieben, können auch noch Mehrbedarfe gestellt werden! Diese erhöhen das monatliche Einkommen, denn es können bis zu 17 % von der Regelleistung als Mehrbedarf gewährt werden. Diese sind dann noch einmal bis zu **64 €** monatlich zusätzlich. Wenn man diese Mehrbedarfe mit der monatlichen Regelleistung, inkl. Miete addiert, dann ist das Einkommen schon bei **763 €** monatlich.

Also bekommt ein Durchschnittsverdiener der 37 Jahre malocht und in die Rentenkasse einzahlt nur <u>17 € mehr</u>, wie jemand der in seinem ganzen Leben <u>nie</u> gearbeitet hat! Er könnte sich umgerechnet nur eine 2,5 m² größere Wohnung leisten oder 3 Schachteln Zigaretten im Monat mehr. Dies wären auch nur ca. 10 Liter Sprit mehr, vorausgesetzt der Spritpreis bleibt bei „günstigen" 1,70 € pro Liter. Das ist doch wohl krass und eigentlich unfair!

Aber hier geht es nicht um Fairness. Es ist auch ungerecht, dass

- ein Ex-Bundespräsident Wulff so viel Geld im Jahr weiterkassiert und dem Steuerzahler kostet.
- eine Kassiererin einen Pfand-Bon selbst einlöst und sofort gefeuert wird.
- ein Mitarbeiter kein Brötchen essen darf, welches sowieso in den Müll sollte.
- ein Pleite-Banker noch eine dicke Abfindung bekommt.
- ein pädophiler Priester in der katholischen Kirche sein Unwesen weiter treiben kann und auch im Falle einer Suspendierung sein Gehalt weiter bekommt.

Es geht hier nur um Gesetze der Bundesrepublik Deutschland und niemand sollte sich schämen, wenn er auf Leistungen Anspruch hat, auch einen dementsprechenden Antrag zu stellen.

Es gibt so viele ungerechte und unlogische Dinge in der Arbeitswelt und in Deutschland, dann soll man wenigstens den Teil bekommen der einem zu Recht zu steht.

Arbeitnehmer = Sklave

Die Arbeitnehmer werden schikaniert. Sie trauen sich nicht wegen Lohnerhöhung zu fragen, dann wäre der Job weg. Die Arbeitgeber drohen ihnen mit der Aussage: „Dann kommt eben der nächste".

Arbeitnehmer haben Existenz-Ängste und wollen den Job auf keinen Fall verlieren. Sie machen eine Faust in der Tasche, wenn sie das noch können. Die gefrusteten Arbeitnehmer sind alles JA-Sager.

„Viele Arbeitnehmer sind unzufrieden dies geht aus der Statistik hervor" Quelle Radio REL 02.08.2011

Wenn der Arbeitsplatz dann auch noch weiter weg ist, verärgern einen als erstes die Spritpreise.   Preisvergleich im Zeitraum:

Dez. 2009	Jan. 2010	Super	1,01€ / Liter
Juli 2011	August 2011	Super	1,55€ / Liter
März 2012	April 2012	Super	1,72€ / Liter

Mit welchem Recht sprechen sich die 5 großen Tank-Anbieter ab und jonglieren so die Preise nach oben? Es wäre doch viel besser wenn jeder den Preis nach unten verbessert, so wie beim Prinzip der Discounter.

Wenn man dann einmal vollgetankt hat und auf der Autobahn angelangt ist, kann man sich über Baustellen und Stau sehr gut aufregen. Wenn man dann endlich auf der Arbeitsstelle angekommen ist, geht der Stress weiter. Eine ganze Palette breitet sich vor einem aus, über doofe Mitarbeiter, stressige Kunden, nervige Anrufe und einen schlimmen Chef. Dort gibt es auch so nette Spielchen wie „Mobbing" oder „Bossing".

Der Duden erklärt das Wort MOBBING mit „Intrige" und „Quälerei". Diese Machenschaften sind leider in der Arbeitswelt allgegenwärtig. Es fängt meistens ganz harmlos mit Neckereien und Sticheleien an. Dies kann auch in Unternehmen mit scheinbar gutem kollegialen Klima passieren, wenn dort die Mitarbeiter den Bogen einfach überspannen.

Der Duden erklärt das Wort BOSSING als ständiges Schikanieren einzelner Mitarbeiter durch Vorgesetzte mit der Absicht diese vom Arbeitsplatz zu vertreiben. Der Begriff kommt natürlich aus dem englischen, denn „to boss" bedeutet übersetzt „herumkommandieren".

Durch das Mobbing oder Bossing kann man selber gesundheitliche Probleme bekommen, wie Burnout oder Depressionen. Für weibliche Arbeitnehmer ist es noch schlimmer, denn 68 % der Frauen wurden schon mindestens einmal sexuell am Arbeitsplatz belästigt. Man könnte jetzt nur spekulieren: „Dann waren die anderen 32 % der Frauen wohl zu hässlich!" Die Spekulation war nur als Spaß gemeint, also sofort wieder vergessen, denn das Thema ist wirklich ernst und erschreckend.

Alle Arbeitnehmer kämpfen mit dem Ellenbogen um ihren Job und gehen über „Leichen". Ihnen ist jedes Mittel recht und vom Chef bekommen Sie noch mehr Druck. Dieser wird wieder abgebaut und der nächste bekommt es zu spüren. Es wird sinnbildlich in alle Richtungen getreten, dies ist mit einer Spirale zu vergleichen. Dies hat nichts mit einen menschenwürdigen Arbeitsplatz oder Umgang zu tun. Das systematische Anfeinden, Diskriminieren und Schikanieren ist irgendwann nicht mehr auszuhalten und am Ende der Spirale steht der Selbstmord des Arbeits-Opfers. Ein Psychoterror den sich doch wirklich keiner wünscht. Wer bezahlt einem eigentlich diesen Stress? Warum soll man sich die Nerven kaputt machen lassen? Für einen Job?

Viele Arbeitnehmer sind also durch Mitarbeiter, Kunden, oder den Chef verärgert. Wenn man dann einen „verstörten" Arbeitnehmer fragt, wo er arbeitet? Bekommt man die Antwort: „Ich bin bei…(Firmenname)… beschäftigt."

Also gehen die fleißigen „Sklaven"-Ameisen täglich nur zur Arbeit, damit sie „beschäftigt" sind! Haben sie nur Scheuklappen und keine andere Beschäftigung? Oder lassen sie gerne andere über ihr eigenes Leben bzw. Schicksal bestimmen? Das mag sein, aber sie haben ganz große Verlust- und Existenz-Ängste.

Sie haben Angst in Hartz IV abzurutschen, denn dann wären Sie vom Jobcenter abhängig. Dabei merken sie aber nicht, dass sie zum einen von ihrem Arbeitgeber abhängig sind und in der Regel <u>nicht mehr verdienen</u> wie ein Hartz IV-Konsument.

Die Arbeitnehmer haben auch mehr Unkosten durch Autoverschleiß und Verbrauch von Öl und Benzin, andere allgemein durch Fahrtkosten. Sie haben auch viele Sorgen und eine innere Unruhe. Sie müssen pünktlich und freundlich sein und die alltäglichen Schikanen von Mitarbeiter und Chef ertragen.

Warum? Wieso? Wer bezahlt dieses Engagement extra?

Beleuchten wir doch einmal den **Traumjob Hartz IV-Bezieher!**

Ein Hartz IV-Empfänger sollte arbeitswillig sein und pünktlich den Antrag abgeben dann bekommt er seine Regelleistungen für ein halbes Jahr bewilligt und monatlich überwiesen. Wenn er eine Arbeitsgelegenheit (1,50 €-Job) annimmt, einen privaten Arbeitsvermittler hat, über 58 Jahre ist oder krank gemeldet ist, dann fliegt er sofort aus der „Arbeitslosenstatistik". Die Bundesregierung schönt hierbei gerne diese Statistik, denn daraus ergibt sich eine Arbeitslosenquote. Diese Quote, ähnlich der Einschaltquoten im TV, wird dann gerne auch Europaweit verglichen. Alle können dann ablesen, wie gut Deutschland da steht.

Aber wie viele Arbeitslose haben wir wirklich? Wir zählen alle Menschen die nicht zur Schule gehen und noch keine Rente beziehen. Dann benötigen wir die Zahl aller Beschäftigten in Deutschland, denn diese wird auch nicht berücksichtigt. Alle die dann übrig bleiben sind arbeitslos! Hier in Zahlen ausgedrückt.

Gesamtbevölkerung in Deutschland: 81,7 Millionen Menschen

Die Altersstruktur wird in Deutschland folgender maßen geschätzt:

Rund 14 % bis zu 14 Jahre alt.

Zirka 66 % zwischen 15 und 64 Jahre alt

Gute 20 % über 65 Jahre und älter

Hier konzentrieren wir uns nur auf die mittlere Prozentangabe, denn die erste sind auf jeden Fall Schüler und unterliegen sowieso dem Jugendschutzgesetz. Die dritte Prozentangabe beinhaltet die Rentner.

Diese 66 % sind umgerechnet 53.922.000 Menschen also Frauen und Männer.

Es gibt zum Glück eine Beschäftigungs-Statistik, hier sind alle sozialversicherungspflichtigen Beschäftigten differenziert nach Geschlecht aufgelistet. Für unsere Berechnung brauchen wir die „Beschäftigten"- Frauen und Männer in einer Summe.

Die Summe der „Beschäftigungs-Statistik" erreicht im Jahre 2011 noch nicht einmal die 30.000.000 Hürde.

Also müssten doch fast 24 Millionen Menschen arbeitslos sein!

Sicher fallen noch weitere durch die Arbeitslosenstatistik. Zum Beispiel wenn der Partner oder das Kind zu viel verdient und die Hausfrau und Mutter keinen eigenen Bedarf anmelden kann.

Da gibt es natürlich mehrere komische Konstellationen und viele Rechenspielchen, die ich hier nicht auflisten werde.

Nach einem Jahr Hartz IV-Bezug bekommt man bei der Rentenversicherung einen anderen Status, denn dann ist nicht mehr arbeitslos, sondern wird als „arbeitssuchend" eingestuft. Damit hat man moralisch wieder einen ganz gut bezahlten Job, nämlich sich mit viel Freizeit eine Arbeit zu suchen.

Dieser Job ist auf jeden Fall besser, wie ein Zuhälter der durch die Frauen sein Geld verdient, oder ein pädophiler Pfarrer der nach seinen Straftaten, sein Geld weiter von der katholischen Kirche bekommt.

Dies ist doch ein verlockender Traumjob!

- Man ist ganz flexibel in seinem Handeln.
- Man kann lange schlafen oder nicht.
- Man kann tun und lassen was man will im Rahmen der Erreichbarkeitsverordnung.

Diese besagt: „Halten Sie sich innerhalb des zeit- und ortsnahen Bereiches auf, muss sichergestellt sein, dass Sie persönlich an jedem Werktag an Ihrem Wohnsitz oder gewöhnlichen Aufenthalt unter der von Ihnen bekannten Anschrift (Wohnung) durch Briefpost erreichbar sind. Zum zeit- und ortsnahen Bereich gehören für

Sie alle Orte in der Umgebung Ihres Grundsicherungsträgers, von denen Sie in der Lage sind, Vorsprachen täglich wahrzunehmen." Quelle: Eingliederungsvereinbarung des Jobcenters.

Hierbei gibt es folgende zwei Punkte zu bedenken: Die meisten Einladungen zur Vorsprache, zum Beispiel beim Arbeitsvermittler werden mindestens 1 Woche bis 2 Wochen vorher verschickt. Zum anderen geht die Post beim Jobcenter bis Freitags raus und kommt dann am Samstag an, daher kann montags keine Post ankommen.

Daher ist ein verlängertes Wochenende in einer anderen Stadt wohl kein Problem. Bei diesem „Traumjob" bekommt man mindestens 3 Wochen unbezahlten Urlaub pro Jahr. Diesen braucht man nur 1 Woche vorher anmelden. Es gibt leider keine Weihnachtsgratifikation, aber dies bekommen viele „richtige" Arbeitnehmer auch nicht. Dafür gibt es für die Kinder das Schulstartergeld und Förderung aus dem Bildungspaket für Sportverein oder Nachhilfe.

Zudem pro nachgewiesener Bewerbung 5,-- € Lohn netto/steuerfrei bis zu einem Betrag von 260,-- € im Jahr pro Person.

Wenn man den Bewerbungskosten-Antrag, bzw. Antrag auf Gewährung einer Förderung aus dem Vermittlungsbudget im Januar beantragt und im November des gleichen Jahres wieder einreicht, bekommt ein arbeitssuchendes Ehepaar im Dezember 520 € vom Jobcenter. Ich nenne diese Zahlung jetzt ganz bewusst mal „Weihnachtsgeld" oder „Sparbuch", denn alles ist nur eine Sache der Organisation und des Timings.

Man kann auch eine „Gehaltserhöhung" beantragen. Beim Jobcenter gab es vor Jahren sogenannte ABM, also allgemeine Beschäftigungs-Maßnahmen. Heute klingt es viel besser und moderner, die „Beschäftigten" in einer Maßnahme, heißen Aktiv-Jobber mit 1,50 € zusätzlichen Stundenlohn.

Auch einen 400 € Job könnte man zum Übergang annehmen, dann hat man bis zu 160 € im Monat mehr Geld.

In diesem Super-Job als Hartz-IV-Bezieher wird man nicht gemobbt oder gebosst, denn seinen Boss bzw. persönlichen Ansprech-Partner (paP) sieht man, wenn man will nur einmal im halben Jahr. Immer dann, wenn die Eingliederungsvereinbarung abläuft, wird man vorher schriftlich und höflich eingeladen ein Autogramm zu geben. Auch muss man zweimal im Jahr einen neuen Antrag, bzw. Weiterbewilligungsantrag stellen, damit das „Gehalt" reibungslos weiterläuft.

Manchmal bekommt man sogar Arbeitsvorschläge zugesendet vom Job-Center. Darauf sollte man sich sofort bewerben und wieder 5 € in die Jahresabrechnung eintragen.

Ein Hartz IV-Bezieher, also Arbeitsloser hat noch viele, weitere Vorteile.

- Kein Auto oder Fahrkarte wird für Arbeit benötigt
- Günstigere Eintrittspreise durch Hartz IV-Bescheid
- Kinder im Kindergarten kostenlos
- Ein Arbeitsloser kann günstiger einkaufen
- Ausflüge oder Klassenfahrten werden bezahlt
- Die Heizkosten und Nachzahlungen werden übernommen.

Über diese Fakten sollte jeder für sich jetzt mal nachdenken.

Hier ein tolles Mietgesuch, das absolute Fundstück der Woche, wie der Komiker und Moderator Thomas Hermanns wohl sagen würde.

Einfach köstlich

Das Berufstätige Paar ist sauer, dass es kein Hartz IV bezieht. Ich habe laut gelacht, denn jeder bekommt was er verdient.

> **Mietgesuche**

Wo leben wir eigentlich? Wir beziehen leider kein Hartz IV u. ziehen keine 6 Ki. groß, die sich den ganzen Tag hüpfend u. springend durch die Whg. bewegen u. zu allem Überfluß sind wir auch noch deutsche Nationalität. Dürfen wir trotzdem irgendwo wohnen? Berufst. Paar, m. 17 jähr. Tochter in der Ausbildung, su. in GE-Zentr., eine ca. 80 qm gr. Whg., Part. mit Roll., in einem Haus ohne Mischkultur, m. ausschließl. arbeitenden Mitmenschen o. Rentnern, wo man sich auch mal Tagsüber entspannen kann. Vermieter am besten im Haus, Miete ca. 460 € WM, zum 1.7.. Bitte keine baufälligen Ruinen.

Vergleiche und Rechenbeispiele

Wie im Abschnitt „lohnt sich Arbeit überhaupt" beschrieben, kommen wir jetzt zu den Vergleichen und Rechenbeispielen. Also alle mathematischen Fakten die wir für eine objektive Gegenüberstellung benötigen.

Auf der einen Seite schicken wir eine Familie mit drei Kindern und ihrem Traumjob „Hartz IV-Bezieher" ins Rennen bzw. in den Vergleich mit einem verheirateten Familienvater auch mit drei Kindern auf der anderen Seite. Wir nennen ihn mal Peter K. aus Essen mit seinem Traumjob „Krankenpfleger" und gleichzeitig ist er Mehr-Verdiener! Für unseren Gehaltsvergleich ist die Netto-Summe natürlich am einfachsten, denn Hartz-IV-Bezüge sind auch netto. Aber auch die umgekehrte Rechnung für das Brutto-Ergebnis ist kein Problem.

		Monat
Gehalt		2.412,00 €
Abgaben		
- Rentenversicherung (19.9%)		240,00 €
- Arbeitslosenversicherung (3%)		36,18 €
- Pflegeversicherung (1.95%)		23,52 €
- Krankenversicherung (15.5%)		197,79 €
Summe Sozialabgaben		497,49 €
Steuern		
- Lohnsteuer		112,50 €
- Soli-Zuschlag		0,00 €
- Kirchensteuer		0,00 €
Summe Steuern		112,50 €
Netto		1.802,01 €

Hartz IV			Peter K.		
Erw.1	337,00 €		Lohn / Gehalt	1.802,00 €	
Erw.2	337,00 €				
Jugendl.1	103,00 €				
Jugendl.2	103,00 €				
unter 14 J.	61,00 €				
Bildungspaket	30,00 €				
GEZ-Vorteil	17,98 €				
Miete inkl.NK	574,35 €				
Heizkosten	147,00 €				
Summe:	1.710,33 €			1.802,00 €	
umger. Monat	68,33 €				
Kindergeld 1	184,00 €		Kindergeld 1	184,00 €	
Kindergeld 2	184,00 €		Kindergeld 2	184,00 €	
Kindergeld 3	190,00 €		Kindergeld 3	190,00 €	
Gesamtsumme:	2.336,66 €			2.360,00 €	
Differenz:			23,34 €		
Jahresbedarf					
Bewerbungen	520,00 €				
Schulgeld	300,00 €				
	820,00 €				
umger. Monat	68,33 €				
weitere Vorteile			weitere Nachteile		
Klassenfahrten frei			Fahrtkosten und der		
Besuch der Tafel			Autoverschleiß nicht		
Essenszuschuss Schüler			berücksichtigt		

Da lächelt Peter K. in die Kamera und geht für seine Familie zur Arbeit. Ich unterstelle ihm mal, dass er es unwissend tut. Denn die Hartz IV-Familie bekommt doch fast das gleiche wie seine Familie. Wie schon gesagt: Wenn er noch mit dem eigenen Auto zur Arbeit fährt, dann hat er einige Kosten und damit in Wirklichkeit weniger netto in der Tasche als die Hartz-IV-Familie fürs Nichtstun!

Wer hätte gedacht, das der Unterschied nur 23,34 € ausmacht?

In der Stellenanzeige sagt Peter K: „Weil ich Mehr-Verdiener bin, leiste ich mir etwas außer der Reihe!" Nur was kann er sich mit gut 20 € denn mehr leisten? 1 x Essen gehen oder 2 Kisten Cola, wer weiß das schon, was er meint.

Ja, so ungerecht ist das Leben, denn Vollidioten und ehemalige Architekten bekommen bei Hartz-IV das gleiche ausbezahlt. Dies ist ungerecht, genauso wie bei Verheirateten und Singles die zusammen wohnen bzw. leben.

Mit welcher Begründung bekommen Singles den Eckregelsatz von 100 % in Höhe von 374,00 € und verheiratete Paare jeweils nur 90 % also 337,00 € ausbezahlt? Jeder hat seine eigene Zahnpasta, Zahnbürste, Shampoo usw. Dies sind 37,00 € Unterschied und keiner kann diese Ungerechtigkeit genau erklären. Es wurde nur ein Eckregelsatz laut einem Warenkorb festgelegt und in verschiedenen %-Abstufungen unterteilt.

Regelsatz %	Regelsatz €	Wer bekommt?
100 % Eckregelsatz	374,00 €	Singles
90 %	337,00 €	Partner
80 %	299,00 €	Kinder 18-24 Jahre
77 %	287,00 €	Kinder 14-17 Jahre
70 %	251,00 €	Kinder 6-13 Jahre
60 %	219,00 €	Kinder bis 5 Jahre

Neues bei Hartz IV

Das Hartz IV-Gesetz ist in der Agenda 2010 verankert und sollte eigentlich nur bis zum 31.12.2010 existieren. Es wurde wochenlang wegen dem Namen diskutiert, und Hartz IV sollte wohl durch einige Politiker dann „Bürgergeld" heißen.

Wie schon im letzten Buch beschrieben, ist es doch eigentlich völlig egal wie die Arbeitslosen-Unterstützung heißt. Dieses mussten wohl auch die schlauen Politiker einsehen, denn der Name hat sich nicht geändert.

Es wurde auch monatelang diskutiert wegen einer Erhöhung der Hartz IV-Bezüge. Der einen Partei war drei €uro zu viel, der anderen Partei zehn €uro zu wenig. Zum 01.April 2011 gab es dann 5 €uro mehr und dies sogar rückwirkend ab dem 01.01.2011. Ein riesen Chaos und Theater ging durch die Regierung und zuletzt durch die Jobcenter. Bei den Tagesthemen war dann das Chaos ganz perfekt, denn aus Hartz IV wurde Harz IV.

Was gibt es jetzt neues?

Schon fast unbemerkt und ganz heimlich bekamen Hartz IV-Bezieher Ende Nov/Anfang Dezember 2011 einen Änderungsbescheid. Es war eine tolle Nikolaus-Überraschung, denn es gibt 10 € mehr für Singles und je 9 € mehr für Ehepaare. Außerdem stieg der Regelsatz für Kleinkinder bis 5 Jahre um 4 € auf monatlich 219 €.

Das einzig ungerechte an der Berechnung mit dem Warenkorb und der monatlichen Leistung ist, dass Singles 100 % bekommen und die Paare nur jeder 90 %. Dies konnte mir bei meinen Recherchen niemand plausibel erklären. Es ist eine pauschale Berechnung, denn wenn man ein Paar ist, können dies beide Partner benutzen. Eine ganz tolle Aussage und Idee die dahinter steckt. Was können denn Mann und Frau beide benutzen? Jeder hat seine eigene Zahnbürste, Duschgel, Hygieneartikel, Bettzeug, Handy, Klamotten. Den Singles geht es sowieso besser, die brauchen nicht Auto, Fernseher, Tisch und Bett teilen.

Obwohl ich mit meiner tollen Frau gerne das Bett teile.

Eine weitere Änderung ist der Freibetrag der Erwerbstätigkeit, dieser wird seit 01.01.2012 neu berechnet.

Der Paritätische Wohlfahrtsverband hat der Bundesregierung vorgeschlagen, dass der Hartz-IV-Regelsatz sogar auf 415 € steigen müssten. Diese Aussage stützt sich auf Berechnung des Verbandes.

Wenn der Regelsatz von 374 € um weitere 41 € pro Person steigen würde, dann lohnt es sich noch weniger arbeiten zu gehen.

Alle Bezieher des ALG II können nach Informationen der "Frankfurter Rundschau" (FR) davon ausgehen, dass der Regelsatz im Jahr 2013 erneut angehoben wird. Die FR beruft sich auf eine dementsprechende Passage im von der Bundesregierung initiierten Steuersenkungsgesetz. Zum ersten Januar dieses Jahres erfolgte bereits eine Erhöhung um zehn Euro auf 374 Euro. Im Zeitungsbericht heißt es weiter, dass in der Gesetzesbegründung von einem Anstieg des Regelsatzes auf mindestens 384 Euro in 2013 ausgegangen wird. Mit jener Prognose werde die für 2013 sowie 2014 angedachte schrittweise Anhebung des steuerlichen Grundfreibetrags begründet.

Der steuerliche Grundfreibetrag und der ALG II Regelsatz stehen nämlich in einem engen Zusammenhang. So stellt der Regelsatz zusammen mit den Unterkunftskosten das sogenannte Existenzminimum dar. Das Grundgesetz verbietet aber bei Erwerbseinkommen eine Besteuerung eben jenes Existenzminimums. Mithilfe des Grundfreibetrags wird dem verfassungsrechtlichen Gebot Rechnung getragen. Nimmt das Existenzminimum zu, ist folglich eine Anpassung des Grundfreibetrags unabdingbar

Damit wird wohl jedes Jahr der Hartz-IV Regelsatz erhöht. Dies macht sich dann deutlich bei Familien bemerkbar, wenn es direkt für mehrere Personen mehr Geld mit diesem Nachschlag im Januar gibt.

Liste der Ausgaben

Wohnen: Miete   € _____

Wohnen:	Miete	€
	Nebenkosten	€
	Energiekosten Wasser	€
	Energiekosten Strom	€
	Stellplatz / Garage	€
	Telefon	€
	Internet	€
	Handy	€
	Summe:	€
Verbrauch:	Lebensmittel Essen	€
	Lebensmittel Trinken	€
	Körperpflege	€
	Klamotten	€
	Summe:	€
Aufwendungen:	Benzin	€
	Fahrtkosten	€
	Parkkosten	€
	öffentl.Verkehrsmittel	€
	Summe:	€
Geldfluß:	Abo´s Zeitungen	€
	Versicherung: Auto	€
	Versicherung: Hausrat	€

Versicherung: Haftpflicht	€ _____
weitere Versicherungen	€ _____
Private Krankenversicherung	€ _____
Zahnersatz-Versicherung	€ _____
Kreditraten	€ _____
Finanzierungsraten	€ _____
Spar-Rate: Bausparen	€ _____
Spar-Rate: Riester-Rente	€ _____
Spar-Rate: eigene	€ _____
Mitgliedsbeiträge	€ _____

Summe: € _____

Luxus:

Aus gehen	€ _____
Essen gehen	€ _____
Events	€ _____
Kino	€ _____
Hobbys	€ _____
Alkohol	€ _____
Zigaretten	€ _____

Summe: € _____

Gesamtsumme: € _____

Muster Schuldenbereinigungsplan

Gläubiger	Forderung	Quote	Vergleich
1			
2			
3			
4			
5			
6			
7			
8			
9			
10			
11			
12			
13			
14			
15			
16			
17			
18			
19			
20			
Gesamt:			

Weitere Bücher des Autors und des Verlages.

Erschienen am 28.April.09 im Tredition Verlag, Hamburg

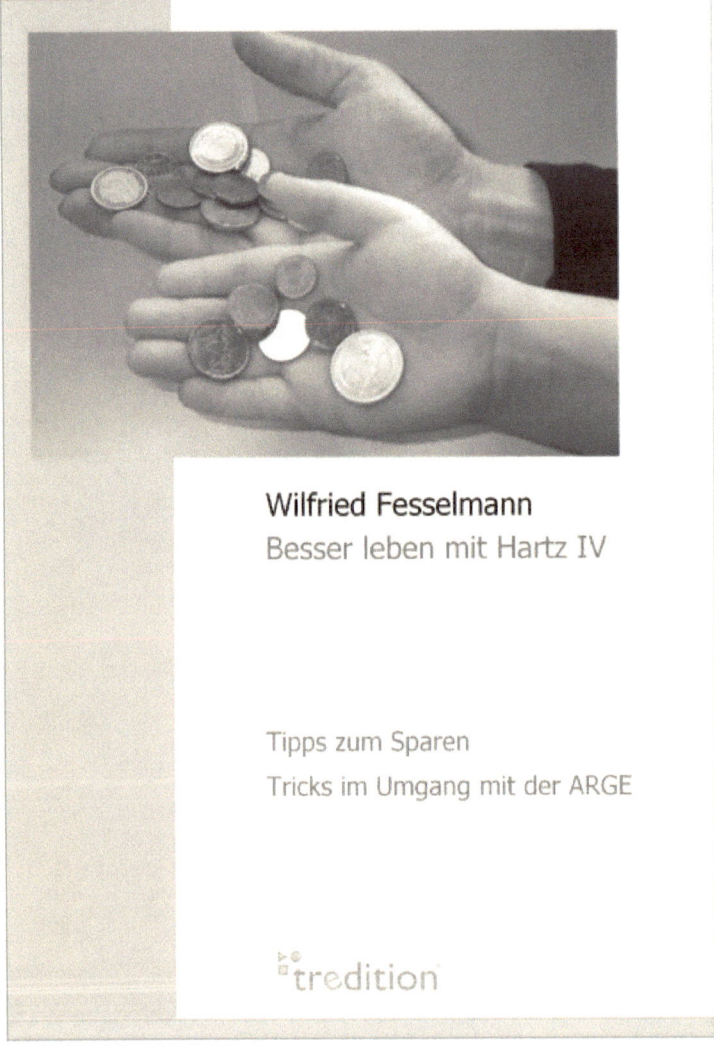

Wilfried Fesselmann
Besser leben mit Hartz IV

Tipps zum Sparen
Tricks im Umgang mit der ARGE

tredition

ISBN: 978-3-86850-367-8

Erschienen am 28.August.09 im Tredition Verlag, Hamburg

Wilfried Fesselmann
Noch besser leben mit Hartz IV
Die Kompakt-Ausgabe

Singles und Familien Berechnung
Positive und negative Kommentare
rund um das Thema: "Hartz IV"
aktuelle Regelsätze seit Juli 2009

tredition

ISBN: 978-3-86850-442-2

Erschienen am 10.November 2011 im Tredition / Taboox-Verlag

ISBN: 978-3-8424-1151-7

Zeitfracht Medien GmbH
Ferdinand-Jühlke-Straße 7
99095 Erfurt, Deutschland
produktsicherheit@kolibri360.de